Das grüne Kochbuch

Ehrlichkeit Tradition Fairness
Gut leben Achtsamkeit Lebensqualität
Ästhetik Wertschätzung Werte
Liebe

Umwelt Balance Wahrnehmung Glück
Genuss Innehalten Sensibilität
Tier
Zeit Freude Harmonie ...fühl
Engagement Gut ess...
Kultur Wohlgefühl ...wusstsein
Stimulation Verantwortung
Geschmack Zukunft Kreislauf
Mensch
Einklang Füreinander
Begeisterung Miteinander
Ganzheitlichkeit Das gute leben

SPAR wurde als erstes Handelsunternehmen Österreichs von GREEN BRANDS Austria ausgezeichnet.

SPAR bemüht sich bereits seit Jahrzehnten, in allen Unternehmensbereichen sozial, ökologisch und ökonomisch verantwortungsvoll zu agieren. Bereits 1990 wurde in den SPAR Unternehmensgrundsätzen die Basis für den Umgang mit Umwelt, Gesellschaft, Mitarbeiterinnen und Mitarbeitern, Lieferanten und selbstverständlich den Kunden niedergeschrieben und fixiert. Folgend einige Auszüge:

- ***Wir wollen Impulse setzen und Beiträge leisten: auf den Gebieten des Umweltschutzes, der Lebensqualität, der gesunden Ernährung und Produktsicherheit, der Nahversorgung, der Arbeitsqualität und Arbeitszufriedenheit.***
- ***Wir sind uns unserer Rolle für die Umwelt bewusst.***
- ***Unser Grundsatz: Agieren statt reagieren. Wir wollen aktiv gestaltend unsere Umwelt beeinflussen und mitprägen. Durch Ideenreichtum und Initiative wollen wir Entwicklungen auf dem Gebiet des Umweltschutzes vorwegnehmen und uns dadurch profilieren.***

1. Auflage / März 2013

Herausgeber und Verleger:
SPAR Österreichische Warenhandels-AG
A-5015 Salzburg, Europastraße 3
www.spar.at

Fotografie: Luzia Ellert
Rezepte und Foodstyling: Gabriele Halper
Redaktion: Beatrix Stepanek, Mag. Carmen Wieser, Sabine Kröll
Grafik: Silvia Wahrstätter, vielseitig.co.at
Druck: Ueberreuter Print, Korneuburg

FSC
www.fsc.org
100%
Papier aus vorbildlich bewirtschafteten Wäldern
FSC® C108222

Bewusste Ernährung ist Lebensbejahung.

Unsere Verantwortung für das gute Leben

Kochtöpfe waren immer schon ein Spiegel ihrer Zeit. Das Leben unserer Urgroßmütter wurde vom Prinzip der Selbstversorgung geprägt und schon damals war unsere Esskultur nicht statisch. Immer wieder wurden Einflüsse von außen integriert, etwa durch Nachbarländer, Besatzung oder Einwanderung. Industrialisierung, Technisierung und Globalisierung haben unsere Ernährungsweisen weiter beeinflusst. Jetzt stehen wir zweifellos wieder an einer Zeitenwende.

Ökologie ist die Leitidee des 21. Jahrhunderts

Klimawandel, Bevölkerungswachstum, Rückgang der Artenvielfalt, soziale Gerechtigkeit und Ressourcenverknappung führen weltweit zu Veränderungen und neuen Dynamiken. Nachhaltige Ernährungskultur muss die verantwortungsvolle Herkunft, Erzeugung, Vermarktung und Zubereitung unserer Lebensmittel ebenso umfassen, wie die sinnliche Vielfalt des Geschmacks und des Genusses.

SPAR will dieses Bewusstsein schärfen

Als eines der führenden Handelsunternehmen in Österreich ist es unsere Aufgabe und zugleich unser Selbstverständnis, überall, wo wir eine unmittelbare eigene Verantwortung und direkte Einflussnahme sehen, ökologische und soziale Aspekte voranzutreiben.

Wir wollen eine bessere Esskultur, die Mensch und Natur wieder harmonisch, gesund und zukunftsfähig in Einklang bringen – also müssen wir überall ansetzen. Mehr fantastische, lokale, frisch gelieferte Produkte spielen dabei ebenso eine Rolle wie die Förderung von Artenvielfalt, artgerechte Tierhaltung, gentechnikfreie Produkte, fairer Handel sowie Fische und Meeresfrüchte aus nachhaltigem Fischfang. Aber auch gesunder Genuss, ein gutes Miteinander und ein ressourcenschonender Alltag gehören dazu.

Essen soll glücklich machen

„Das grüne Kochbuch" soll Inspirationsquelle und Entscheidungshilfe beim Einkauf sowie Beweis dafür sein, dass die moderne, bewusste Küche preiswert, gesund, im Alltag leicht nachkochbar ist und sich auch globalen Ideen nicht verschließt. Es ist so einfach, den Gaumen mit pfiffigen Ideen immer wieder zu überraschen. Und weil jedes Produkt im Naturkreislauf seine Zeit hat, sind einige Produkte, die in diesem Buch vorgestellt werden, bei SPAR nur saisonal verfügbar. Doch aus jeder Jahreszeit lässt sich eine kulinarische Vielfalt schöpfen, die beglückend ist. Für ein gutes Leben. Für eine gute Zukunft.

Ihr

Dr. Gerhard Drexel
Vorstandsvorsitzender SPAR Österreich

Unsere Genuss-Woche

Grün kochen – einfach, beglückend, vielfältig

Es gibt keinen besseren Koch als die Natur, die uns die Nahrungsmittel bereits formvollendet schenkt. Sie gibt uns in aller Frische die jahreszeitlich verfügbaren Zutaten vor. Vitaminreiche Delikatessen, in bunter Vielfalt, ausgereift und voll im Geschmack. Wer bei der Wahl der Lebensmittel auf die Saison und die regionale Herkunft achtet, hat der Umwelt bereits viel Gutes getan.

Die saisonale Frischeküche ist eher eine schlichte Küche, inspiriert von der unmittelbaren Umgebung, aber auch von fernen Kulturen. Sie ist pflanzlich orientiert, aber nicht fleischlos. Sie ist artgerecht und umweltverträglich. Sie braucht weder viel Zeit noch viele Zutaten. Darum und mit Hilfe unserer modernen Küchen, ist es täglich möglich, schnell und gesund zu kochen. Auch und vor allem am Abend.

Täglich ein Fest

Die grüne Küche hinterfragt nicht nur alle Aspekte der Esskultur (von der Herkunft bis zur Zubereitung), sie stellt auch das in den Mittelpunkt, was die Menschen verbindet – das gemeinschaftliche Erleben. Durch unseren Lebensrhythmus und unsere Arbeitszeiten verschiebt sich die Hauptmahlzeit zunehmend vom Mittagessen auf das Abendessen. Und das kann und soll eine Belohnung sein für einen arbeitsreichen Tag – ein kleines Fest, ein langersehnter Moment, in dem man zusammensitzt, um zu genießen und zu plaudern.

Wer plant, kocht grün

Grüner Genuss ist kein Zufall. Damit der Gedanke an das Kochen beglückt und nicht stresst, lautet die wichtigste Regel: Die Speisen der Woche und den bewussteren Einkauf planen.

Einen Einkaufszettel bei der Hand zu haben ist eine sinnvolle Sache. Mit der Vorausschau auf benötigte Produkte kann im Haushalt Einiges gespart werden. Das ermöglicht zudem die richtige Wahl der Lebensmittel, beantwortet die Frage „Was esse ich heute" im Vorfeld, verhindert das Wegwerfen (ein Großteil unseres Mülls sind verdorbene Lebensmittel) und fördert die Mitnahme von Einkaufskorb und auswaschbaren Behältern für offen angebotenes Fleisch, Wurstwaren und Käse. Diese Frischwaren gibt es bei SPAR in Bedienung rezeptgenau, Deka für Deka. Wie auch immer, was auch immer, Qualität geht vor Quantität. Gutes darf auch mehr kosten, wenn es mehr Wert ist. Schließlich investiert man beim Lebensmitteleinkauf nicht in das Produkt, sondern immer nur in sich selbst.

Einfach grün kochen

Ein cooler Helfer

Insbesondere der Kühlschrank ist ein idealer Helfer für all jene, die Nachhaltigkeit im Haushalt einziehen lassen möchten. Richtige Lagerung verlängert die Haltbarkeit und den Nährwert von Lebensmitteln. Oben ist es im Kühlschrank wärmer als unten, denn kalte Luft sinkt ab.

Oberstes Fach: Käse, gekochte Speisen, Geräuchertes

Mittleres Fach: Milch und Milchprodukte

Unteres Fach: Fisch, Wurst, Fleischwaren

Gemüsefach: Obst und Gemüse (Radieschen und Karotten ohne Grün). Exoten und wasserreiche Sorten haben Kühlschrankverbot: z. B. Auberginen, Gurken, Kartoffeln, Knoblauch, Paprika, Tomaten, Zucchini, Zwiebeln, Äpfeln, Banane, Kiwis, Zitrusfrüchte und andere Exoten.

Türfächer: Eier, Butter, Dressing, Saucen, Tuben, Marmeladen, Getränke

Die falschen Nachbarn

Es gibt Lebensmittel, die sich nicht leiden können. Das liegt bei Obst und Gemüse in erster Linie am Reifegas Ethylen, das die einen ausscheiden und auf das die anderen empfindlich reagieren. Sie verderben schneller und die Schimmelbildung wird gefördert. Missetäter Nummer eins sind Äpfel, darum immer gesondert lagern. Auch reife Tomaten geben Ethylen ab. Blattsalat hält in feuchtes Zeitungspapier eingeschlagen zwei Tage länger. Kartoffeln mögen es dunkel – immer mit einem Tuch abdecken. Wurzelgemüse lagert am liebsten in einem gelochten Folienbeutel. Der garantiert die für die Frische notwendige Feuchtigkeit. Notfalls selbst Löcher in ein Sackerl stechen. Knoblauch und Zwiebeln brauchen frische Luft – im weitmaschigen Netz einfach aufhängen.

Die grüne Fensterbank

Eine Vielfalt an frischen Kräutern ist ein „Must have" der grünen Bewegung. Frische ist das oberste Gebot. Der Aromen wegen, aber auch um den Nährwert möglichst hoch zu halten. Schließlich sind Kräuter prallvoll mit Vitalstoffen und sekundären Pflanzenstoffen, die zwar nicht lebensnotwendig sind, aber als Beschützer des Lebens gelten. Man spricht von den Vitaminen des 21. Jahrhunderts. Kräuter sind daher die Zimmer- und Balkonpflanzen der Zukunft. Angenehmes Extra: Sie parfümieren neben den Speisen auch die Luft. Topfkräuter oder aber auch Samen und Erde gibt es bei SPAR in Bio-Qualität.

Bewusst-Seins-Verantwortung

SPAR-Eigenmarken setzen Zeichen. Sie sollen bewusste Einkaufsentscheidungen erleichtern und Verantwortung zeigen für:

Die Natur: SPAR Natur*pur

Die regionale Landwirtschaft: Vorrang für österreichische Produkte

Die Artenvielfalt: SPAR wie früher, nachhaltiger Fischfang (MSC)

Die Menschen: SPAR free from (spezielle Ernährungsbedürfnisse)

Gesunde Ernährung: SPAR Vital

Das Klima: SPAR Veggie (weniger tierische, mehr pflanzliche Kost)

Globale Fairness: Fairtrade (sichert Existenzen)

Die Tiere: SPAR Veggie, Gentechnikfreiheit, nachhaltiger Fischfang

Nähere Informationen über den ökologischen, sozialen oder qualitativen Mehrwert auf Seite 205.

Klimaschutz in der Küche

- ***Kochen mit Deckel.*** Kochen ohne Deckel verbraucht dreimal so viel Energie!
- ***Schnellkochtopf verwenden.*** Mit diesem oder Druckkochtöpfen kann rund 70 % Energie gespart werden.
- ***Wasserkocher.*** Schneller und energiesparender als mit einem elektrischen Wasserkocher kann man Wasser für Tee oder Sonstiges nicht erhitzen.
- ***SPAR Natur*pur.*** Biologisch bewirtschaftete Böden speichern viel mehr CO_2 als konventionelle Ackerböden, zudem werden Erde, Wasser und Luft geschont.
- ***Produkte aus der Region.*** Ein Transport von Waren vom Ende der Welt erzeugt ein Vielfaches mehr Kohlendioxid als ein Lkw-Transport über 50 km.
- ***Einkaufstaschen.*** Beim Einkaufen auf wieder verwendbare Einkaufstaschen achten. Bei SPAR gibt es seit 2009 nur noch umweltfreundliche Tragetaschen.
- ***Fahrrad fahren!*** Autofahrten vermeiden, vor allem auf Kurzstrecken bis 5 Kilometer. Wenn der Motor noch kalt ist, ist der Kraftstoffverbrauch ungleich höher. Bei vielen SPAR-Märkten gibt es bereits E-Tankstellen.
- ***Geschirrspüler füllen.*** Erst spülen, wenn das Gerät wirklich voll ist. Eine sparsame Maschine verbraucht übrigens weniger Wasser als eine Handspülung.
- ***Abfall vermeiden.*** Selbst wenn Lebensmittel kompostierbar sind – alle Produkte, die wir kaufen, verursachen Treibhausgasemissionen, z. B. bei der Herstellung und beim Vertrieb.
- ***Weitersagen:*** Wer mit seiner persönlichen Öko-Bilanz zufrieden ist, kann noch etwas tun. Andere zum Klimaschutz und grünen Kochen animieren. Weil es eben doch hilft. Und zwar dann, wenn es viele tun.

Da wächst die Freude!

Jetzt wird der Frühling mit seiner ganzen Kraft und Fülle gefeiert. Junger Spinat, zarter Spargel, knackige Radieschen, frischer Salat, erste Kräuter, saftiger Rhabarber und aromatische Erdbeeren, setzen kulinarische Fitness-Akzente. Zudem laden Bio-Samen und Tomatenraritäten auch auf der Fensterbank zum lustvollen Vielfaltgärtnern ein.

Einfach, würzig, erfrischend

Bio-Kresse-Crêpes
mit Sauerrahm und Forellenkaviar

Zubereitungszeit: 30 Min
Zutaten für 4 Portionen

Crêpeteig:
120 ml Milch
100 ml Buttermilch
2 Eier
40 g flüssige Butter
120 g Mehl (glatt)
Salz
2 Kisterl SPAR Natur*pur Bio-Kresse
Öl zum Ausbacken

Sauerrahmcreme:
350 ml Sauerrahm
100 g Topfen (40 %)
1 Kisterl SPAR Natur*pur Bio-Kresse
2 EL Olivenöl
Salz
Pfeffer aus der Mühle

100 g Forellenkaviar

***Einkaufs-Tipp**: Grüne Daumen züchten ihre eigene SPAR Natur*pur Bio-Kresse auf der Fensterbank. Das „Wasserpflänzchen" wächst sehr schnell, sogar auf Watte, nur mit Wasser und Licht.*

1 ***Crêpeteig:*** Milch mit Buttermilch, Eiern und Butter verquirlen, Mehl und Salz zugeben und zu einem glatten Teig verrühren.

2 Von einem Kisterl die Kresse abschneiden, grob hacken und unter den Teig beimengen.

3 Etwas Öl – am besten in einer beschichteten Pfanne – erhitzen.

4 Einen Schöpfer Teig in das Öl gießen, mit etwas Kresse (aus dem zweiten Kisterl) bestreuen und beidseitig ausbacken.

5 Mit dem restlichen Teig weitere Crêpes ausbacken.

6 ***Sauerrahmcreme:*** Sauerrahm mit Topfen und Olivenöl glatt rühren, Kresse dazu geben und mit Salz und Pfeffer abschmecken.

7 Crêpes mit Sauerrahm und Forellenkaviar anrichten.

Bio-Kresse – die natürliche Nahrungsergänzung

SPAR Natur*pur Bio-Kresse ist ganzjährig genussfrisch erhältlich. Ihr Würzwert veredelt Salate, Suppen, Eierspeisen, Aufstriche und Butterbrote. Ihr hoher Vitalstoffanteil macht uns nicht nur winterfit, sondern auch frühjahrsmunter.

Kohlrabicremesuppe
mit österreichischem Bio-Bärlauchtofu

Zubereitungszeit: 40 Min
Zutaten für 4 Portionen

2 kleine Zwiebeln (à ca. 60 g)
2 Kohlrabi (ca. 500 g)
40 g Butter
Salz
½ EL Kristallzucker
80 ml Wermut
200 ml Rindsuppe
400 ml Milch
200 ml Schlagobers

1 Pkg. SPAR Veggie Bio-Tofu Bärlauch, gekühlt 200 g
20 g Butter
Eventuell frische Bärlauchstreifen zum Bestreuen

Restl-Tipp: *Geöffneten Bio-Tofu in einem Gefäß mit Wasser bedeckt aufbewahren. Das Wasser nach 2 Tagen wechseln, so bleibt der Tofu gut 7 Tage frisch.*

1. Zwiebeln schälen und kleinwürfelig schneiden.
2. Kohlrabi großzügig schälen (holzige Stellen entfernen), vierteln und in dünne Scheiben schneiden.
3. Butter in einem Topf zergehen lassen, Zwiebeln darin kurz anrösten, Kohlrabi zugeben, salzen, Zucker zugeben, kurz durchrösten, mit Wermut ablöschen und vollständig einkochen lassen. Mit Suppe und Milch aufgießen und bei mittlerer Hitze etwa 20 Minuten kochen lassen.
4. Schlagobers zugeben und die Suppe mit dem Pürierstab fein pürieren.
5. Bio-Bärlauchtofu in etwa 1 cm große Würfel schneiden.
6. Butter in einer Pfanne schmelzen und Bio-Bärlauchtofu auf allen Seiten anbraten.
7. Heiße Suppe mit angebratenem Bio-Bärlauchtofu in tiefen Tellern anrichten. Falls verfügbar mit frischen Bärlauchstreifen bestreuen.

Bio-Tofu, der „Pflanzenkäse" mit Herkunftsgarantie

SPAR Veggie Bio-Tofu wird aus heimischen 100 % gentechnikfreien und rückverfolgbaren Bio-Sojabohnen hergestellt. Die Ziffern-Buchstaben-Kombination (= Tracking-Code) von der Packungsrückseite auf www.spar.at/veggie eingeben und mehr über die österreichischen Sojabohnen-Bio-Bauern erfahren. Fünf Sorten sorgen für Abwechslung, alle lassen sich braten, kochen, dünsten und grillen.

Falafel mit Radieschen-Minzsalat

Haltbar-Tipp: *Ab März sind heimische Radieschen wieder in aller Munde. Die knackigen Frühlingsboten bleiben länger frisch, wenn man das Grün entfernt, sie in ein feuchtes Tuch wickelt und im Gemüsefach lagert.*

Zubereitungszeit: 1 Stunde + 12 Stunden Einweichzeit
Zutaten für 4 Portionen

Falafel:
200 g getrocknete Kichererbsen
2 Scheiben altbackenes Toastbrot
1 Zwiebel
3 Knoblauchzehen
2 TL Koriandersamen, gemahlen
1 TL Backpulver
Salz
Pfeffer aus der Mühle
4 EL Petersilie, gehackt
Schale von ¼ Bio-Zitrone, abgerieben
Sesam zum Wälzen
Öl zum Ausbacken

Radieschen-Minzsalat:
2 Bund Radieschen, geputzt
2 EL Weinessig
4 EL Olivenöl
2 EL Minze, fein gehackt
2 EL Petersilie, gehackt
Salz
Pfeffer aus der Mühle

1 Kichererbsen 12 Stunden in kaltem Wasser einweichen.

2 *Falafel:* Zwiebel und Knoblauch schälen, kleinwürfelig schneiden und das Toastbrot grob zerbröseln.

3 Erbsen abseihen, gut abtropfen lassen und mit Zwiebel, Knoblauch, Brot und Backpulver im Mixer grob pürieren. Petersilie zugeben und mit Zitronenschale sowie Salz und Pfeffer abschmecken.

4 Aus der Masse mit befeuchteten Händen kleine Kugeln formen, in Sesam wälzen und im heißen Fett knusprig ausbacken; gut abtropfen lassen.

5 *Radieschen-Minzsalat:* Radieschen grob raffeln, mit Essig und Öl vermengen, Kräuter zugeben, mit Salz und Pfeffer würzen und alles gut vermengen.

6 Salat mit den Falafelkugeln anrichten.

Falafel im Handumdrehen

Von **SPAR free from** gibt es auch eine gluten- und laktosefreie **Falafel-Fertigmischung** mit Zutaten aus rein biologischen Rohstoffen. Die Finger-Food-Spezialität schmeckt warm oder kalt, mit würzigen Saucen, zu Salaten und im Fladenbrot.

Butterschnitzel mit cremigem Bio-Blattspinat

Restl-Tipp: *Aus eins mach viel! Butterschnitzel in Streifen schneiden, kurz anbraten und mit Zwiebel, Salat, Tomaten und Jogurt-Dressing in ein Fladenbrot füllen.*

Zubereitungszeit: 40 Min
Zutaten für 4 Portionen

Butterschnitzel:
8 Scheiben Toastbrot
¼ l Milch
500 g Kalbfleisch, am besten doppelt faschiert
1 Dotter
3 EL Petersilie, fein gehackt
⅛ l Schlagobers
Salz
Pfeffer aus der Mühle
Muskat
Schale von ¼ Bio-Zitrone, abgerieben
3 EL Öl
20 g Butter

Cremiger Blattspinat:
2 Knoblauchzehen
40 g Butter
*500 g frischen Bio-Baby-Blattspinat, geputzt oder 2 Packungen SPAR Natur*pur Bio-Blattspinat-Minis*
120 ml Schlagobers
2 EL Crème fraîche
Salz
Pfeffer aus der Mühle

1 *Butterschnitzel:* Toastbrot entrinden, großwürfelig schneiden, mit Milch übergießen und etwa 5 Minuten „ziehen lassen".

2 Kalbfleisch mit Dotter, Petersilie und Schlagobers vermengen. Toastbrot ausdrücken, mit einer Gabel etwas zerdrücken, zum Faschierten geben, mit Salz, Pfeffer, einer Prise Muskat und Zitronenschale würzen und aus der Masse acht ovale Laibchen formen.

3 In einer Pfanne Öl erhitzen, Butter darin aufschäumen lassen, Laibchen einlegen und bei mittlerer Hitze auf jeder Seite etwa 4–5 Minuten langsam braten; aus der Pfanne nehmen und warm stellen.

4 *Cremiger Blattspinat:* Knoblauch schälen und feinblättrig schneiden. Butter in einer Pfanne schmelzen, Knoblauch darin anrösten, Spinat nach und nach zugeben, wenn der Spinat zur Gänze zusammengefallen ist die Hitze reduzieren und so lange köcheln, bis die Schmorflüssigkeit zur Gänze verkocht ist. Obers und Crème fraîche zugeben, mit Salz und Pfeffer würzen und noch einige Minuten „sämig" einkochen lassen.

5 Butterschnitzel auf dem Spinat anrichten, eventuell mit etwas geschmolzener Butter beträufeln.

Spinat auf Vorrat

Der grüne Daumen sät **SPAR Natur*pur Bio-Spinat „America"** zweimal aus, von März bis Mai und von August bis September. Blanchiert und tiefgefroren hält sich Spinat gut 10 Monate. Für alle, die es praktisch, biologisch und portionierbar mögen, sind die tiefgekühlten **SPAR Natur*pur Bio-Blattspinat-Minis** eine gute Wahl.

Leicht, raffiniert, duftig

Erbsen-Risotto mit Bio-Pfefferminze

Zubereitungszeit: 30 Min
Zutaten für 4 Portionen

250 g Erbsenschoten, geputzt
20 g Butter
1 Zwiebel
1 Knoblauchzehe
3 EL Olivenöl
30 g Butter
300 g Risottoreis
¼ l Weißwein
½–¾ l Rindsuppe
Salz
40 g Butter
60 g Parmesan, frisch gerieben
*4 EL SPAR Natur*pur Bio-Pfefferminz-Blätter, fein gehackt*
Olivenöl zum Beträufeln

Restl-Tipp: *Kaltes Risotto kann man zu Laibchen formen (eventuell mit Käse füllen), in Bröseln wenden und in einer Butter-Olivenöl-Mischung rundum knusprig braten. Dazu passt Salat.*

1 Erbsenschoten in dünne Streifen schneiden, Butter in einer Pfanne schmelzen, Erbsenschoten darin kurz anbraten; zugedeckt beiseite stellen.

2 Zwiebel und Knoblauch schälen und beide fein hacken.

3 Öl in einem Topf erhitzen, Butter zugeben, darin aufschäumen lassen und Zwiebel sowie Knoblauch kurz darin anrösten; Reis zugeben, kurz mitrösten, mit Weißwein aufgießen und Flüssigkeit einkochen lassen – so lange, bis am Kochtopfboden beim Umrühren „Stärkeschlieren" sichtbar werden.

4 Risotto mit 2–3 Schöpfern warmer Suppe aufgießen und unter mehrmaligem Umrühren die Flüssigkeit abermals einkochen lassen. Den Vorgang so lange wiederholen, bis der Risottoreis innen kernig ist und das Risotto eine cremige Konsistenz hat.

5 Erbsenschoten sowie Butter und Parmesan zügig unterrühren, eventuell nochmals nachwürzen.

6 Das Risotto sofort anrichten. Mit frisch gehobeltem Parmesan und Minze bestreuen, mit gutem Olivenöl beträufeln.

Erfrischende Bio-Minze: Tee und Küchenkraut

Der grüne Daumen pflanzt die **SPAR Natur*pur Bio-Pfefferminze** in ein Gefäß mit großen Bodenlöchern. Halbschattig stellen, feucht halten, Staunässe vermeiden. Mehrmals schneiden. Entweder trocknen oder mit den Stängeln im Ganzen locker im Gefrierbeutel tiefkühlen. Blätter noch tiefgekühlt abzupfen, Stängel entsorgen. Auch für Tee unaufgetaut heiß aufgießen – so bleibt die Minze aromatischer.

Spinat-Auflauf mit Bio-Vollkorn Pasta

Zubereitungszeit: 50 Min
Zutaten für 4–6 Portionen

400 g Makkaroni oder Penne
Salz
4 Knoblauchzehen
50 g Butter
*700 g frischer Blattspinat (geputzt) oder 500 g SPAR Natur*pur Bio-Blattspinat, aufgetaut*
300 g Mascarino
⅛ l Rindsuppe
80 g Parmesan, gerieben
150 g Butterkäse (z. B. Bonbel oder El Paese)
3 Dotter
Salz
Pfeffer aus der Mühle
Muskat, fein gerieben

Restl-Tipp: *Diesen Auflauf kann man – statt Pasta – auch mit übrig gebliebenen Kartoffeln, Nockerln oder Knödeln vom Vortag zubereiten. Auch das Gemüse ist variabel (Zucchini, Mangold, Tomaten, Wurzelwerk etc).*

1. Pasta in reichlich Salzwasser bissfest kochen, abseihen und gut abtropfen lassen.
2. Knoblauch schälen und feinblättrig schneiden.
3. Butter in einer großen Pfanne schmelzen, Knoblauch darin anbraten, Spinat dazugeben, kurz darin schwenken, mit der Pasta vermengen und mit Salz, Pfeffer und Muskat würzen.
4. Mascarino mit lauwarmer Suppe und Dottern glatt rühren, mit den Nudeln vermengen.
5. Das Backrohr auf 190 °C (Ober- und Unterhitze) vorheizen.
6. Butterkäse grob raffeln und mit der Hälfte des Parmesans zu den Nudeln geben; alles gut vermengen und in eine mit Butter ausgestrichene Form füllen.
7. Mit dem restlichen Parmesan bestreuen und im Rohr auf mittlerer Schiene 20–25 Minuten überbacken.

„Ährensache" in Bio-Qualität

Ob klassischer Hartweizengrieß, dezent nussiger Dinkel oder vollmundiges Vollkorn – **SPAR Natur*pur** bietet höchsten **Bio-Pasta-Genuss** in all seiner Form- und Geschmacksvielfalt.

Cremige Schinkenfleckerl mit Bio-Schnittlauchöl

Zubereitungszeit: 30 Min
Zutaten für 4 Portionen

Schnittlauchöl:
2 Bund Schnittlauch
1 Sardellenfilet
*4 EL SPAR Natur*pur Bio-Olivenöl*
Schale von ¼ Bio-Zitrone, fein abgerieben
Prise Zucker
Salz
Pfeffer aus der Mühle

Cremige Fleckerl:
400 g Teigfleckerl
Salz
300 g Beinschinken oder Selchfleisch
1 kleine Zwiebel
40 g Butter
2 Becher Sauerrahm

Restl-Tipp: *Schinken- oder Wurstfleckerl sind klassische Restlgerichte. Knackwurst, Selchfleisch, Dürre, Salami, Toastschinken, Speckwürfel – fast alles passt hinein.*

1 *Schnittlauchöl:* Schnittlauch schneiden, Sardellenfilet fein hacken, beides in eine Schüssel geben, gut vermengen, Öl darübergießen, Zitronenschale zugeben, mit Salz und Pfeffer würzen, gut verrühren und kurz durchziehen lassen.

2 *Cremige Fleckerl:* Fleckerl in reichlich Salzwasser bissfest kochen und abseihen.

3 Zwiebel schälen und fein hacken.

4 Butter in einer großen Pfanne schmelzen, Zwiebel darin glasig anrösten.

5 Schinken in „Fleckerlgröße" schneiden, kurz mitrösten, Fleckerl unterrühren.

6 Sauerrahm glatt rühren, zu den Fleckerln geben, alles gut durchmengen, mit Salz und Pfeffer würzen und unter mehrmaligem Umrühren bei mittlerer Hitze 4–5 Minuten erwärmen.

7 Fleckerl anrichten und mit Schnittlauchöl beträufeln.

Schnittlauch ist ein Einzelgänger

Der grüne Daumen sät **SPAR Natur*pur Bio-Schnittlauch-Samen** selber aus oder kultiviert die **SPAR Natur*pur Bio-Pflanze** im Topf weiter. Schnittlauch liebt einen eigenen Topf, braucht Platz, Abzugslöcher und vor allem frische Luft (Balkon). Ab und zu düngen. Tipp für Eilige: **SPAR Natur*pur Bio-Schnittlauch** gibt es auch tiefgekühlt.

Geräuchertes Bio-Bachforellen Filet auf Radieschen-Kartoffelsalat mit Kapern

Wenn es ganz schnell gehen soll: *Geräucherte Forelle harmoniert auch mit Eierspeise, Schnittlauch, Kresse oder Dille und Vollkornbrot.*

Zubereitungszeit: 50 Min
Zutaten für 4 Portionen

600 g Kartoffeln, fest kochend
1 rote Zwiebel
2 TL kleine Kapern, in Salz eingelegt
1 TL Dijonsenf
6 EL Weißweinessig
8 EL Olivenöl
Salz
Pfeffer aus der Mühle
1 Bund Radieschen
2 Bund Schnittlauch
4 geräucherte Bio-Bachforellen Filets (à ca. 60–80 g)

1. Kartoffel waschen, in einen Topf geben, mit Wasser bedecken, salzen, weich kochen, abseihen, schälen und vierteln; in eine Schüssel geben.
2. Zwiebel schälen, feinwürfelig schneiden, zu den Kartoffeln geben.
3. Kapern grob hacken, mit Senf, Essig und Öl gut verrühren, mit Salz und Pfeffer würzen, über die Kartoffeln gießen und gut vermengen.
4. Radieschen waschen, putzen, in dünne Stifte schneiden oder hobeln und für 5 Minuten in kaltes Wasser legen.
5. Schnittlauch in etwa 2 cm lange Stäbchen schneiden.
6. Radieschen abseihen, mit dem Schnittlauch unter den Salat mengen und eventuell nochmals etwas mit Salz nachwürzen.
7. Forellenfilets im Rohr bei 80 °C (Ober- und Unterhitze) etwa 6–8 Minuten erwärmen.
8. Salat anrichten, Fischfilets in grobe Stücke zerteilen und darüber verteilen.

Nachhaltig aufgetischt: Heimischer Bio-Fisch

SPAR forciert regionale Fischarten aus österreichischen Gewässern, das fördert die Regionen und verkürzt die Transportwege. Süßwasserfische in Bio-Qualität werden umweltfreundlich und artgerecht gezüchtet. Die **SPAR Natur*pur Bio-Bachforelle**, ein wahrhaft purer Genuss.

Pikanter Bio-Karottenkuchen

Zubereitungszeit: 1 Stunde (ohne Kühlzeit)
Zutaten für 16 Stück

*300 g SPAR Natur*pur Bio-Karotten (geputzt)*
150 g Butter
4 Eier
80 g Gouda
Salz
Pfeffer aus der Mühle
150 g Mandeln, gerieben
80 g Mehl, universal
1 TL Backpulver
50 g Pinienkerne
4 EL Petersilie, gehackt

Füllung:
200 g Frischkäse mit Kren
2 Becher Crème fraîche
Salz
Pfeffer aus der Mühle

Backtrennpapier

6 kleine Babykarotten sowie Kresse zum Dekorieren

***Haltbar-Tipp**: Karotten bleiben länger frisch, wenn sie ohne Grün in einer Plastikbox aufbewahrt werden und zwischen jede Lage Küchen- oder Papiertücher gelegt wird. Das verhindert Schimmel. Oder wie Oma es macht: Karotten in einen Kübel voller Sand stecken.*

1. Karotten fein raspeln, Eier trennen.
2. Weiche Butter etwa 5 Minuten cremig rühren. Dotter nach und nach unterrühren. Gouda grob raffen und mit den Karotten untermengen. Mit Salz und Pfeffer würzen. Eiklar steif aufschlagen und nach und nach unter die Karottenmasse heben.
3. Das Backrohr auf 180 °C (Ober- und Unterhitze) vorheizen.
4. Mehl mit Backpulver versieben und mit Mandeln vorsichtig in mehreren Durchgängen unter die Karottenmasse mengen. Pinienkerne und Petersilie zum Schluss untermengen.
5. Masse auf ein mit Backtrennpapier belegtes, tiefes Blech streichen und im vorgeheizten Rohr auf mittlerer Schiene etwa 20–25 Minuten backen.
6. *Füllung:* Frischkäse mit Crème fraîche glatt rühren und mit Salz und Pfeffer würzen. Sollte die Masse zu flüssig sein, so lange weiterschlagen (6–8 Minuten), bis sie wieder dickcremig ist.
7. Ausgekühlte Teigplatte quer halbieren. Eine Hälfte mit der Käsecreme bestreichen (3 EL zur Dekoration beiseite geben). Andere Hälfte darauf setzen und 1 Stunde kaltstellen.
8. Kuchen in 16 Stücke schneiden, mit der übrigen Käsecreme, den Karotten sowie der Kresse garnieren.

Bio hüllt sich in Bio

Die biologisch abbaubare **SPAR Natur*pur Hygiene-Verpackung** wird aus nachwachsenden Rohstoffen erzeugt und ist zu 100 % kompostierbar. Im Hauskompost oder der Bio-Tonne zersetzt sie sich rückstandsfrei.

Einfaches Eiercurry
oder Eier in Frühlingskräutersauce

Zubereitungszeit: 30 Min
Zutaten für 4 Portionen

2 EL Sonnenblumenöl
½ EL Koriandersamen
2 Zwiebeln
2 Knoblauchzehen
½ EL Ingwerpaste
2 EL Tomatenmark
1 EL Currypulver
⅛ l Hühnersuppe
⅛ l Kokosmilch oder Schlagobers
Salz
½ TL SPAR PREMIUM Bio-Chili-Paste, Edition Stekovics

*8 SPAR Natur*pur Bio-Ostereier*

Korianderblättchen zum Garnieren

Haltbar-Tipp: *Gekochte Eier halten (bis zu 1 Monat) länger wenn man sie nach dem Kochen nicht abschreckt. Durch zu rasches Abkühlen entsteht eine Sogwirkung im Ei – nicht nur Wasser, auch Keime können eindringen.*

1 Sonnenblumenöl in einer Pfanne erhitzen, Koriandersamen darin anrösten.

2 Zwiebeln und Knoblauch schälen, fein hacken, zum Koriander geben und glasig anrösten.

3 Ingwerpaste, Tomatenmark sowie Curry zugeben, kurz mitrösten, mit Suppe und Kokosmilch oder Schlagobers aufgießen, salzen und 10 Minuten bei geringer Hitze „schmurgeln" lassen. Nach Geschmack mit Chili-Paste abschmecken.

4 Eier schälen, halbieren, in die Sauce legen, kurz darin erwärmen, anrichten und mit Korianderblättchen bestreuen.

Dazu passend: Reis

Alternative: Eier in Frühlingskräutersauce

2 Becher Crème fraîche mit ca. ⅛ l Rindsuppe langsam erhitzen, 4–5 EL gehackte Kräuter (Petersilie, Schnittlauch, Kerbel) zugeben, mit etwas Zitronenschale, Salz und Pfeffer würzen, gekochte, halbierte Eier in die Sauce einlegen und kurz erhitzen.

Bio und natürlich bunt gefärbt

Jedes **SPAR Natur*pur Bio-Osterei** unterstützt die artgerechte Haltung von Hennen auf österreichischen Bio-Bauernhöfen. Bio-Hennen genießen genügend Platz, ein gemütliches Nest, bequeme Sitzstangen, naturfrischen Auslauf und biologisch kontrolliertes Futter. Ein delikates Bewusstsein, denn im Ei ist, was das Huhn isst. Die 100 % Recyclat-Verpackung war übrigens einst eine PET-Flasche.

Pute, Huhn und Ei: Gentechnikfrei!
Seit Jahren sind alle SPAR-Eigenmarken-Eier mit dem Gentechnikfrei-Zeichen ausgelobt. Als Haltungsformen sind nur Bio-, Freiland- und Bodenhaltung zugelassen, wie auch alle Eier ausschließlich aus Österreich kommen. Schon 2010 erhielt SPAR dafür den renommierten internationalen Tierschutzpreis „Das Goldene Ei“. Seit 2012 ist auch Geflügelfleisch bei SPAR garantiert und kontrolliert gentechnikfei.

Bio-Eier sicher erkennen
Die Ziffer an erster Stelle gibt die Art der Hühnerhaltung an:
0 steht für Bio
1 steht für Freiland
2 steht für Boden
3 steht für Käfig (in Österreich verboten)
AT ist der Ländercode, die Nummer dahinter ist die Nummer des Betriebes, aus dem das Ei stammt.

Spinatpalatschinken mit Bio-Topfen-Schinken-Fülle

Zubereitungszeit: 50 Min
Zutaten für 4 Portionen

Palatschinken:
100 g passierter Spinat
¼ l Milch
2 Eier
200 g Mehl (glatt)
Salz
Pfeffer aus der Mühle
Muskat, fein gerieben
Öl zum Ausbacken

Fülle:
200 g TANN Beinschinken
120 g milder Blauschimmelkäse
*400 g SPAR Natur*pur Bio-Speisetopfen (20 %)*
2 Eier
2 EL Semmelbrösel
Salz
Pfeffer aus der Mühle
4 EL Basilikum, gehackt

Butter zum Ausfetten der Form und zum Belegen
50 g Parmesan, frisch gerieben

***Haltbar-Tipp**: Topfenreste reagieren sensibel auf Luft, Wärme und Licht. Immer in einem luftdicht verschlossenen Behälter im Kühlschrank lagern.*

1 ***Palatschinkenteig:*** Spinat in einem Haarsieb gut abtropfen lassen, mit Milch und Eiern verquirlen, Mehl zugeben und zu einem glatten Teig verrühren. Mit Salz, Pfeffer und Muskat würzen und ½ Stunde rasten lassen.

2 ***Fülle:*** Schinken kleinwürfelig schneiden, Käse grob reiben. Mit Topfen, Eiern, und Bröseln vermengen, mit Salz und Pfeffer würzen, Petersilie untermengen und ca. 10 Minuten rasten lassen.

3 Etwas Öl in einer Pfanne erhitzen, einen Schöpfer Teig eingießen und beidseitig nacheinander 8 Palatschinken ausbacken.

4 Das Backrohr auf 120 °C (Ober- und Unterhitze) vorheizen.

5 Palatschinken mit der Topfenmasse bestreichen, einrollen, in eine befettete Form legen, mit Butterflocken belegen, mit Parmesan bestreuen und im Rohr 20 Minuten überbacken.

Naturreiner Heimatgenuss

SPAR Natur*pur Bio-Topfen 20 % ist mit Bio-Rahm angereicherter Magertopfen. Der höhere Fettgehalt bewirkt eine bessere Bindung von Aromastoffen. Eine ideale Geschmacks-Allianz, vor allem zum Füllen und für cremig-frische Bio-Aufstriche.

SPAR Natur*pur Bio-Magertopfen 0,2 % ist ein Kalorienbremser. Durch den hohen Eiweißgehalt ist er zudem der perfekte Partner für gekochte Topfenspeisen (z. B. Topfenknödel).

Omelette mit grünem Bio-Spargel

***Haltbar-Tipp**: Grünen Spargel mit den „Füßen" stehend in etwas Wasser aufbewahren. Er lässt sich gewaschen und geschält auch gut einfrieren, allerdings nicht kochen, sondern roh. Bei Bedarf gefroren ins kochende Wasser legen.*

Zubereitungszeit: 30 Min
Zutaten für 2 Portionen

*250 g SPAR Natur*pur Bio-Spargel, grün*
2 EL Olivenöl
Salz
100 g Frischrahmkäse
3 große Eier
Salz
Pfeffer aus der Mühle
1 Messerspitze Schale von einer Bio-Zitrone, fein gerieben
3 EL Basilikum, grob geschnitten
2 EL Olivenöl zum Ausbacken

1. Nur das untere Drittel vom Spargel schälen oder einfach die holzigen Enden großzügig wegschneiden.
2. Öl in einer großen – am besten beschichteten – Pfanne erhitzen, Spargelstangen einlegen, etwas salzen und auf allen Seiten anbraten, je nach Dicke ca. 5 Minuten.
3. Frischrahmkäse cremig rühren (eventuell über Dampf etwas erhitzen), mit Eiern glattrühren, mit Salz und Pfeffer würzen, Zitronenschale und Basilikum untermengen.
4. Masse über dem Spargel verteilen und bei geringer Hitze stocken lassen.
5. Omelette auf ein Teller stürzen, überkühlen lassen und anschließend in 4 x 4 cm große Stücke oder breite Streifen schneiden.

Feinster Bio-Grünspargel

Grüner Spargel wächst über der Erde, durch das Sonnenlicht wird er grün, das erhöht seinen Vitalstoffgehalt. Er muss kaum geschält werden, gart schneller als weißer Spargel, schmeckt würziger und ist meist auch günstiger, da er von den Bio-Bauern nicht gehäufelt werden muss.

Strammer Max mit weißem Spargel und Radieschenvinaigrette

Zubereitungszeit: 40 Min
Zutaten für 4 Portionen

*700 g SPAR Natur*pur Bio-Spargel, weiß*
Salz
Prise Zucker
2–3 Bio-Zitronenscheiben

Vinaigrette:
1 Bund Radieschen
4 EL Schnittlauch, geschnitten
3 EL Olivenöl
*2 EL SPAR Natur*pur Bio-Condimento Balsamico Bianco*
1 TL Honig
Salz
Pfeffer aus der Mühle

Butter zum Braten
4 Eier
4 Scheiben Bauernbrot
Butter zum Bestreichen
8 dünne Scheiben Beinschinken

***Restl-Tipp**: Nichts wird so häufig weggeworfen wie Brot. Darum alles, was über den absehbaren Bedarf hinausreicht, in Scheiben schneiden und einfrieren. So lässt es sich auch portionsweise entnehmen.*

1 Spargel großzügig schälen und in mit Zucker und Zitronenscheiben versetztem Salzwasser bissfest kochen; abseihen, gut abtropfen lassen und warm stellen.

2 ***Vinaigrette:*** Radieschen putzen, waschen und in dünne Scheiben schneiden, mit Schnittlauch sowie Olivenöl, Essig und Honig vermengen, mit Salz und Pfeffer würzen.

3 Butter in einer Pfanne schmelzen und 4 Spiegeleier darin braten.

4 Brot toasten, mit etwas Butter bestreichen, mit Schinkenscheiben und lauwarmem Spargel belegen, etwas salzen, mit der Vinaigrette beträufeln und je ein Spiegelei darauf setzen. Die restliche Radieschenvinaigrette dazu servieren.

Bio-Wissen: Spargel-Anbau

Für Österreichs Bio-Bauern ist der Anbau von **SPAR Natur*pur Bio-Spargel** besonders arbeitsintensiv. Der Spargel wird organisch gedüngt, Gründüngung zwischen den Reihen sorgt für gute Durchwurzelung und zusätzliche Nährstoffanreicherung, die Unkrautregulierung erfolgt mechanisch. Größere Reihenabstände garantieren die gute, gesunde Durchlüftung des Spargels.

Spargel-Schinkenspieße auf Kräuterreis

Restl-Tipp: *Zu viel Reis gekocht? Über Nacht in den Kühlschrank und am nächsten Tag mit etwas Wasser und Orangen- oder Ananassaft aufkochen und ein leckeres Curry daraus zaubern.*

Zubereitungszeit: 50 Min
Zutaten für 4 Portionen

8 dicke weiße Spargelstangen
4 dicke grüne Spargelstangen
Salz
Prise Zucker
Scheibe Zitrone
12 Scheiben Schwarzwälderschinken (Rohschinken)

Kräuterreis:
10 g Butter
*200 g SPAR Natur*pur Bio-Basmati-Reis Fairtrade*
½–¾ l Rindsuppe
Salz
5 EL Kräuter (Kerbel, Petersilie, Basilikum), gehackt
3 EL Crème fraîche

Olivenöl zum Braten
einige Salbeiblätter
Spieße

1 Beide Spargelsorten schälen, die holzigen Enden wegschneiden und in mit Zucker und Zitronenscheibe versetztem Salzwasser bissfest kochen; abseihen und kalt abschwemmen.

2 *Kräuterreis:* Butter in einem Topf schmelzen, Reis darin anrösten, mit Suppe aufgießen, salzen und 15–20 Minuten bei mittlerer Hitze garen – ab und zu mit der Gabel auflockern.

3 Reis von der Hitze nehmen, Kräuter und Crème fraîche zugeben.

4 Spargelstangen in etwa 5–6 cm lange Stücke schneiden, auf jeden Spieß abwechselnd Spargelstücke zu den zusammengelegten Schinkenblättern stecken.

5 Öl in einer Pfanne erhitzen, Spieße darin rundherum braten, Salbeiblätter zugeben und kurz anbraten.

6 Spieße mit dem Kräuterreis anrichten und mit dem entstandenen Bratsaft beträufeln.

Dazu passend: Grüner Salat

Duftender Bio-Reis mit Fairtrade-Gütesiegel

Fein-nussiger Basmati (Duftreis) gehört zu den besten Reissorten der Welt. Für **SPAR Natur*pur** wird er von Kleinbauern in Nordindien angebaut. Der Fairtrade-Mindestpreis und die **Fairtrade-Prämie** für Soziales, Infrastruktur und Bildung helfen den Familien bei der Verbesserung ihrer Lebens- und Arbeitsbedingungen.

Bio-Rhabarber-Streuselkuchen

Zubereitungszeit: 1 Stunde
Zutaten für 1 Backblech, ca. 16–18 Stück

Teig:
250 g weiche Butter
200 g Staubzucker
Prise Salz
Schale von ½ Bio-Zitrone, dünn abgerieben
4 Eier
250 g Mehl (universal)
½ Packung Backpulver

*800 g SPAR Natur*pur Bio-Rhabarber*
*300 g SPAR Natur*pur Erdbeeren*

Streusel:
200 g Butter
150 g Mehl (universal)
100 g Mandeln
150 g Staubzucker
Prise Zimt

Butter fürs Blech

***Haltbar-Tipp**: Wer Rhabarber liebt, kann ihn einfach roh, ungeschält und gewaschen in ganzen Stangen oder Stücken einfrieren. Natürlich lässt sich auch fertiges Kompott einfrieren.*

1 Backrohr auf 180 °C (Ober- und Unterhitze) vorheizen und das Backblech mit Butter bestreichen.

2 *Teig:* Butter mit Zucker, Salz und Zitronenschale in einer Schüssel dickschaumig aufschlagen und die Eier nach und nach unterrühren.

3 Mehl und Backpulver versieben, zügig unterheben und den Teig auf das Backblech streichen.

4 Rhabarber schälen, holzige Enden wegschneiden, in 3 cm große Stücke schneiden, Erdbeeren waschen, putzen, halbieren und beides auf dem Teig verteilen.

5 *Für den Streusel:* Butter in einem Topf schmelzen, von der Hitze nehmen, Mehl, Mandeln, Zucker und Zimt zugeben und zwischen den Händen zerbröseln.

6 Streusel über dem Obst verteilen und den Kuchen im Rohr auf mittlerer Schiene etwa 40 Minuten backen.

Kontrolliert biologisches Saisongemüse

SPAR Natur*pur Bio-Rhabarber wird von Österreichischen Bio-Bauern ohne Mineraldünger und ohne den Einsatz chemisch-synthetischer Pestizide oder Herbizide angebaut. Er wird nur bis Juni geerntet, danach muss sich die Pflanze ausruhen.

Schneenockerln mit Eierlikör-Pistaziencreme und Bio-Beeren

Restl-Tipp: *Mascarpone-Reste kann man mit etwas Topfen, Milch oder Schlagobers und Vanillezucker aufschlagen und als verführerischen Dip zu Erdbeeren reichen.*

1 *Eierlikör-Pistaziencreme:* Den Mascarpone mit Eierlikör und Milch cremig aufschlagen, Vanillezucker sowie Pistazien zugeben und die Creme zugedeckt bis zur Weiterverarbeitung kalt stellen. Tipp: Wenn Kinder mitessen den Eierlikör durch Vanillepudding (Fertigprodukt) ersetzen.

2 *Nockerln:* Das Eiweiß mit Salz cremig aufschlagen, Zucker nach und nach zugeben und 2–3 Minuten weiterschlagen und den Zitronensaft untermengen.

3 Aus der Hälfte der Masse mit einem Esslöffel vier große Nocken formen, auf einen großen Speiseteller setzen und in der Mikrowelle bei 350 Watt 50–60 Sekunden garen. Mit der restlichen Masse den Vorgang wiederholen.

4 Die Eierlikörcreme in tiefen Tellern verteilen, jeweils zwei Nocken darauf setzen und mit Bio-Beeren und Pistazien garnieren.

Zubereitungszeit: 15 Min
Zutaten für 4 Portionen

Eierlikörcreme:
150 g Mascarpone
⅛ l Eierlikör
2 EL Milch
2 EL Vanillezucker
3 EL Pistazien, fein gehackt

Schneenockerln:
2 Eiklar
Prise Salz
40 g Kristallzucker
1 EL Zitronensaft

*100 g beliebige SPAR Natur*pur Bio-Beeren zum Garnieren*
2 EL Pistazien zum Bestreuen

Pute im Parmesanmantel mit Bio-Petersilien-Karottensalat

Zubereitungszeit: 50 Min
Zutaten für 4 Portionen

Karottensalat:
500 g SPAR Natur*pur Bio-Karotten
½ TL Salz
1 TL Zucker
Saft von 1 Limette
2 TL Koriandersamen
6 EL Olivenöl
4 EL SPAR Natur*pur Bio-Petersilie, fein gehackt

Putenschnitzel:
8 Putenschnitzel (à ca. 80 g)
Salz
Pfeffer aus der Mühle
3 Eier
Mehl zum Wenden
80 g Parmesan
5–6 Salbeiblätter
120 g Butterschmalz zum Ausbacken

Küchenkrepp

*Karotten und Petersilie ergänzen sich nicht nur geschmacklich hervorragend, sondern auch im Gemüsebeet. Für grüne Daumen sind beide von SPAR Natur*pur als Bio-Samen erhältlich.*

1 ***Karottensalat:*** Karotten schälen, grob raffeln, mit Salz, Zucker und Limettensaft vermengen und ca. 15 Minuten marinieren.

2 Koriandersamen grob zermörsern, mit Olivenöl und Petersilie zu den Karotten geben, gut vermengen, nochmals kurz durchziehen lassen und eventuell nachwürzen.

3 ***Putenschnitzel:*** Schnitzel mit der flachen Seite des Fleischklopfers leicht „plattieren" und beidseitig mit Salz und Pfeffer würzen.

4 Eier mit dem Parmesan verquirlen, Salbei fein schneiden und zugeben.

5 Schnitzel beidseitig in Mehl wenden, durch die Ei-Parmesan-Mischung ziehen und im heißen Butterschmalz beidseitig knusprig ausbacken.

6 Schnitzel auf Küchenkrepp gut abtropfen lassen und mit dem Karottensalat servieren.

Verantwortung „tragen"

Wer den umweltfreundlichen Einkaufskorb einmal vergisst, kann bei SPAR schon seit Jahren zu klimaschonenden Alternativen greifen. Es gibt **Tragetaschen aus FSC-Papier**, kompostierbare Bio-Sackerl aus nachwachsenden Rohstoffen und auch langlebige, wiederverwendbare Stofftaschen.

Orientalische Bio-Karottensuppe mit Bio-Knusperkernen

Zubereitungszeit: 40 Min
Zutaten für 4 Portionen

*600 g SPAR Natur*pur Bio-Karotten*
2 Zwiebeln
20 g Butter
1 EL Currypulver
¾ l Hühnersuppe
1 kleiner Sternanis
⅛ l Jogurt
1 gestrichener EL Mehl (glatt)

Knusperkerne:
1 TL Salz
1 EL Rohrzucker
*80 g SPAR Natur*pur Bio-Saaten (z. B. Sonnenblumen- oder Kürbiskerne)*
1 EL Koriandersamen
1 Eiklar

Backtrennpapier

*Da wertvolle Inhaltsstoffe direkt unter der Schale sitzen, sollte man Karotten nicht schälen – SPAR Natur*pur Bio-Karotten sind frei von Pestizid-Rückständen. Einfach waschen und genießen.*

1. Karotten putzen und in dünne Scheiben schneiden.
2. Zwiebeln schälen und fein hacken.
3. Butter in einem Topf schmelzen, Zwiebeln darin kurz anrösten, Curry zugeben, kurz mitrösten, mit Suppe aufgießen, Karotten und Sternanis zugeben und die Suppe etwa 30 Minuten köcheln lassen.
4. Sternanis entfernen. Jogurt mit Mehl glattrühren, in die Suppe einrühren, 5–6 Minuten köcheln lassen, von der Hitze nehmen und die Suppe fein pürieren.
5. *Knusperkerne:* Backrohr auf 180 °C (Ober- und Unterhitze) vorheizen.
6. Salz mit Zucker, Kernen, Koriander und Eiklar vermengen, auf ein mit Backtrennpapier ausgelegtes Backblech streichen und 6–8 Minuten backen, überkühlen lassen und in Stücke brechen.
7. Suppe eventuell nochmals aufwärmen und mit den Knusperkernen anrichten.

Bio-Saaten mit Mehrfachwirkung

Naturreine, vollwertige **SPAR Natur*pur Bio-Saaten** gibt es für jeden Geschmack und jede Verwendungsmöglichkeit: pur oder geschrotet, geröstet oder gesalzen, immer genussfertig, zum Drüberstreuen oder Untermengen. Schmecken auf dem Brotaufstrich, im Müsli, in der Suppe, in Backwaren, im Salat und pur.

Geschmorte Bio-Kohlrabischnitzel mit nachhaltigen Garnelen und Zitronencreme

Herkunfts-Tipp: *Bei SPAR wird auf der Verpackung der lateinische Name der Fische bzw. Meeresfrüchte sowie die Fangmethode und das Fanggebiet angegeben.*

1 *Garnelen:* Aufgetaute Garnelen waschen, trocken tupfen, mit Zitronensaft, Salz, Pfeffer und Chili marinieren; 15 Minuten ziehen lassen.

2 *Geschmorte Kohlrabi:* Kohlrabi schälen, holzige Teile wegschneiden und in 2 cm breite Stücke schneiden.

3 Butter in einer Pfanne schmelzen, Kohlrabistücke bei mittlerer Hitze anbraten, Zucker und Salz zugeben und zugedeckt im eigenen Saft weich schmoren; eventuell etwas Suppe zugeben.

4 *Zitronencreme:* Crème fraîche, Sauerrahm und Öl gut verrühren und mit Zitronensaft und Zitronenschale sowie Salz und Pfeffer abschmecken.

5 Olivenöl in einer Pfanne erhitzen, Garnelen darin auf allen Seiten braten.

6 Geschmorte Kohlrabi mit Kerbel oder Petersilie vermengen und mit den gebratenen Garnelen sowie der Zitronencreme anrichten.

Garantiert nachhaltig

Die **SPAR PREMIUM Riesengarnelen** werden nach dem „Good Aquaculture Practice"-Programm aufgezogen. Dieses umfasst streng kontrollierte Qualitätsvorgaben wie den Schutz der Mangrovengebiete, die Kontrolle der Tiergesundheit und der Futtermittel. Mit Tracking-Code zur Rückverfolgung der Herkunft auf www.spar.at/Riesengarnelen.
Die **SPAR Eismeer-Shrimps** sind MSC-zertifiziert und tragen auch das WWF-Logo.

Zubereitungszeit: 40 Min
Zutaten für 4 Portionen

Garnelen:
400 g SPAR PREMIUM-Riesengarnelen ohne Schale oder SPAR Eismeer-Shrimps
2 EL Zitronensaft
Salz
Pfeffer aus der Mühle
1 Chilischote, gehackt

Geschmorte Kohlrabi:
*4 kleine SPAR Natur*pur Bio-Kohlrabi*
60 g Butter
Salz
Prise Zucker

Zitronencreme:
1 Becher Crème fraîche
2 EL Sauerrahm
2 EL Olivenöl
Schale von ½ Bio-Zitrone, fein abgerieben
1 EL Zitronensaft
Salz
Pfeffer aus der Mühle

Olivenöl zum Braten

3 EL Kerbel oder Petersilie, gehackt

Kabeljau mit Bio-Zitrone und geschmorten Bio-Jungzwiebeln

Zubereitungszeit: 40 Min
Zutaten für 4 Portionen

*2 Bund SPAR Natur*pur Bio-Frühlingszwiebeln*
4 EL Olivenöl
2 Lorbeerblätter
Salz
Pfeffer aus der Mühle
⅛ l Hühnersuppe
20 g kalte Butter
4 Kabeljaufilets (à 160 g), MSC
Salz
Pfeffer aus der Mühle
1 Bio-Zitrone
5 EL Olivenöl

SPAR ist Österreichs größter Fischhändler und der bislang einzige, der seine nachhaltige Fischeinkaufspolitik auf den Prüfstand des WWF gestellt hat.

1 Von den Frühlingszwiebeln den Wurzelansatz und das dunkle Blattgrün wegschneiden und diese einmal halbieren.

2 Öl in einer Pfanne leicht erhitzen, Frühlingszwiebel darin leicht anbraten, Lorbeerblätter zugeben, mit Suppe aufgießen und bei geringer Hitze 8–10 Minuten schmoren. Mit Salz und Pfeffer würzen, kalte Butter in kleinen Flocken zugeben und die Pfanne hin und her schwenken, damit die Schmorsauce leicht gebunden wird.

3 Das Backrohr auf 120 °C (Ober- und Unterhitze) vorheizen.

4 Fischfilets beidseitig mit Salz und Pfeffer würzen, eine Auflaufform mit 2 EL Öl ausfetten, Filets einlegen; Zitrone in dünne Scheiben schneiden, auf den Filets verteilen, mit dem restlichen Öl beträufeln, die Form mit Folie abdecken und den Fisch im Rohr 8–10 Minuten garen.

5 Geschmorte Zwiebeln mit dem Fisch auf vorgewärmten Tellern anrichten.

Dazu passend: Petersilienkartoffeln

Auf das blaue Siegel achten

ZERTIFIZIERTE NACHHALTIGE FISCHEREI MSC www.msc.org/de

Die Zertifizierung **„Marine Stewardship Council"** (MSC) wurde 1997 von WWF und Unilever gegründet, um den schonenden und nachhaltigen Wildfischfang zu fördern. Es ist das weltweit anerkannteste Siegel für nachhaltige Fischerei.

WWF SETZT SICH MIT SPAR ÖSTERREICH FÜR NACHHALTIGEN FISCHFANG EIN

In Zusammenarbeit mit und am Prüfstand des WWF wird es künftig bei SPAR nur noch nachhaltige Fischprodukte geben – vom Frischfisch bis zur Thunfischpizza.

SPAR Fischeinkaufspolitik

- *Keine bedrohten Fischarten*
- *Transparente Kennzeichnung mit Siegel*
- *Lupenreine Rückverfolgung (Tracking)*
- *Zertifizierte Produkte*
- *Mehr Fisch aus Österreich*
- *MSC-Siegel auch für die Frischfisch-Theken*
- *Laufende Kontrolle, flexible Sortimentsgestaltung*

Wildlachs mit Frühlingsgemüse und aromatischer Wasabi-Soja-Sauce

Guten Appetit mit gutem Gewissen: *alle SPAR Wildlachs-Produkte tragen das weltweit anerkannte blaue MSC-Siegel für nachhaltige Fischerei.*

Zubereitungszeit: 50 Min
Zutaten für 4 Portionen

4 SPAR Vital Wildlachs Naturfilets o. SPAR PREMIUM Sockeye-Wildlachs Filets (à ca. 150 g), MSC
Salz
Pfeffer aus der Mühle
Olivenöl zum Bestreichen
1 Karotte
4 Frühlingszwiebeln
12 Champignons

⅛ l Hühnersuppe
6 EL helle Sojasauce
1 EL Zitronensaft
½ TL Wasabipaste

Petersilie- oder Korianderblättchen zum Bestreuen
Alufolie oder festes Backtrennpapier

1. Backrohr auf 200 °C (Ober- und Unterhitze) vorheizen.
2. Lachsfilets mit Salz und Pfeffer würzen.
3. Karotten putzen und in feine Streifen schneiden. Von den Frühlingszwiebeln das dunkle Blattgrün entfernen und diese in dünne Ringe schneiden. Champignons feinblättrig schneiden.
4. 4 Stück Folie mit etwas Olivenöl bestreichen, jeweils ein Fischfilet darauf setzen, Gemüse darüber verteilen; Folie an den Enden etwas hochziehen.
5. Suppe mit Sojasauce, Zitronensaft und Wasabipaste gut verrühren, über dem Gemüse verteilen und die Folie zu einem Päckchen verschließen; auf ein Backblech legen und 25 Minuten im Rohr auf mittlerer Schiene garen.
6. Päckchen auf Teller setzen, leicht öffnen und mit Petersilie oder Koriander bestreuen.

Dazu passend: Basmatireis

Transparente Kennzeichnung auf den Verpackungen

SPAR Vital Wildlachs Naturfilets, MSC
Lateinischer Name: Oncorhynchus gorbuscha
Fanggebiet: FAO 67 (Pazifischer Ozean, Golf von Alaska)
Fangmethode: Ringwade
SPAR PREMIUM Sockeye Wildlachs, MSC
Lateinischer Name: Onchorhynchus nerka
Fanggebiet: FAO 67 (Pazifischer Ozean)
Fangmethode: Ringwade und Kiemennetz

Gespießte Bio-Bachforellenfilets auf Bärlauch-Spinat-Salat mit getrockneten Tomaten

Zubereitungszeit: 30 Min
Zutaten für 4 Portionen

Bärlauch-Spinat-Salat:
500 g Bärlauch
400 g junger Blattspinat
100 g Frühlingszwiebeln, geputzt
50 g getrocknete Tomaten
¼ l Jogurt
3 EL Olivenöl
1 Messerspitze Bio-Zitronenschale, abgerieben
1 kleine Knoblauchzehe, gepresst
Salz
Pfeffer aus der Mühle
1 gut reife Avocado

*4 SPAR Natur*pur Bio-Bachforellenfilets (à ca. 140 g)*
Salz
Pfeffer aus der Mühle

Holzspieße
50 g Butter

***Herkunfts-Tipp**: Die SPAR Natur*pur Bio-Bachforellen aus 100 Prozent heimischer Produktion werden in reinstem Quellwasser im Einklang mit der Natur direkt an der Drau in Kärnten gezüchtet.*

1 *Salat:* Spinat waschen, putzen und gut abtropfen lassen.

2 Frühlingszwiebeln in Ringe, getrocknete Tomaten in Streifen schneiden.

3 Jogurt mit Öl, Zitronenschale und Knoblauch gut verrühren, mit Salz und Pfeffer würzen.

4 Avocado schälen, längs halbieren, Kern herauslösen und in dünne Spalten schneiden.

5 Alle Salatzutaten locker mit der Salatsauce gut vermengen.

6 ***Forellenfilets:*** Filets der Länge nach halbieren, mit Salz und Pfeffer würzen und leicht wellenförmig auf Holzspieße stecken.

7 Butter in einer Pfanne schmelzen und die Forellenspieße darin etwa 1 Minute anbraten.

8 Salat auf Tellern anrichten und die Forellenspieße darauf setzen.

Mehr Fisch aus Österreich

In Zusammenarbeit mit kleinen, lokalen Fischereien wird von SPAR der Verkauf von Bio- und konventionellen Fischen aus heimischen Gewässern forciert, z. B. Forelle, Seesaibling, Huchen und Saibling.

Spargel mit Frischkäsesauce und geräuchertem Wildlachs

Zugreifen und auch einfrieren oder einwecken! Die Spargel-Saison endet am 24. Juni (Johannistag), damit der Spargel bis zum Frost Zeit hat (ca. 100 Tage), um durchzuwachsen und Kraft fürs nächste Jahr zu sammeln.

Zubereitungszeit: 35 Min
Zutaten für 4 Portionen

Spargel:
1,25 kg Spargel, weiß
½ TL Salz
1 TL Zucker
2–3 EL Zitronensaft

Frischkäsesauce:
⅜ l Weißwein (am besten einen Riesling)
1 Becher Crème fraîche
150 g cremiger Ziegenfrischkäse
⅛ l Milch
Salz
Pfeffer aus der Mühle

250 g SPAR PREMIUM Wildlachs geräuchert, MSC
1 Bund Schnittlauch

1 Spargel großzügig schälen und holzige Teile wegschneiden.

2 Spargel in mit Zucker und Zitronensaft versetztem Salzwasser etwa 8–10 Minuten – je nach Dicke der Spargelstangen – kochen; abseihen und warm stellen.

3 *Frischkäsesauce:* Weißwein und Crème fraîche in einen Topf geben und bei geringer Hitze unter ständigem Rühren erhitzen. Käse in Stücke teilen, zugeben und in der Sauce schmelzen, nach und nach Milch zugeben, bis die Sauce eine cremige Konsistenz hat. Mit Salz und Pfeffer abschmecken.

4 Gekochten Spargel auf vorgewärmten Tellern anrichten, mit der Sauce übergießen, mit Räucherlachs belegen, Schnittlauch in Röllchen schneiden und darüber streuen.

Genuss mit Verantwortung

Der MSC-zertifizierte **SPAR PREMIUM Wildlachs geräuchert** stammt aus nachhaltigem Fischfang. Er wird stressfrei, auf dem Höhepunkt seiner Entwicklung, wild und ohne Beifang gefangen. Was ihn auszeichnet: Festes Fleisch, einzigartig milder Geschmack und ein hoher Anteil an Omega-3-Fettsäuren.

Eierlikör-Schokogugelhupf

Zubereitungszeit: 1 Stunde 15 Minuten
Zutaten für 10–12 Stück

Butter und Kristallzucker für die Form

250 g Mehl (griffig)
1 Packung Backpulver

5 Eier
250 g Staubzucker
Prise Salz
Schale von 1 unbehandelten Zitrone, dünn abgerieben
¼ l Eierlikör
¼ l Sonnenblumenöl
2 EL Kakaopulver

Staubzucker zum Bestreuen

*Dazu eine Tasse SPAR Natur*pur Bio-Kaffee Fairtrade genießen. Feinster Hochlandkaffee aus fairer biologischer Landwirtschaft.*

1 Gugelhupfform mit Butter ausstreichen und mit Zucker ausstreuen.
2 Backrohr auf 180 °C (Ober- und Unterhitze) vorheizen.
3 Mehl und Backpulver versieben.
4 Eidotter mit Staubzucker, Salz und Zitronenschale – am besten in der Küchenmaschine – sehr dickschaumig aufschlagen; Eierlikör nach und nach zugeben, Öl unter ständigem Rühren in einem dünnen Strahl zugießen.
5 Eiklar zu einem festen Eischnee aufschlagen und abwechselnd mit dem mit Backpulver versiebten Mehl unter die Dottermasse heben.
6 Zwei Drittel der Masse in die Gugelhupfform füllen.
7 Restlichen Teig mit Kakaopulver vermengen, über den hellen Teig verteilen und im Rohr auf mittlerer Schiene etwa 1 Stunde backen.
8 Gugelhupf 10 Minuten abkühlen lassen, anschließend auf eine Platte stürzen und bezuckern.

Schmeckt gut, tut gut

In Sachen Fairtrade gilt SPAR im österreichischen Lebensmittelhandel als Vorreiter. Schon seit den 1990er Jahren gibt es **Fairtrade**-Produkte bei SPAR zu kaufen. Viele der Produkte hat SPAR als erstes Unternehmen nach Österreich gebracht, z. B. Bananen oder Rosen. Mittlerweile gibt es auch ein umfassendes Fairtrade-Eigenmarken-Sortiment, z. B. den **SPAR Natur*pur Bio-Fairtrade-Kaffee**.

Bio-Blätterteigkuchen mit superfrischen Erdbeeren

Zeitspar-Tipp: *1 großen Becher Mascarpone mit fertigem Vanillepudding aus dem Kühlregal (ca. 300 g oder ca. 2 Becher) schaumig rühren.*

1 Backrohr auf 200 °C (Ober- und Unterhitze) vorheizen.

2 Aufgetauten Blätterteig auf ein mit Backtrennpapier ausgelegtes Backblech legen, rundherum einen etwa 2 cm breiten Teigstreifen abschneiden, Teigenden mit verquirltem Dotter bestreichen und die abgeschnittenen Teigstreifen auf die bestrichenen Teigränder legen; Mittelteil mehrmals mit einer Gabel einstechen.

3 Im Rohr auf mittlerer Schiene etwa 25 Minuten backen, anschließend auskühlen lassen.

4 *Vanillecreme:* 5 EL Milch mit Puddingpulver, Zucker und Vanillezucker glattrühren.

5 Restliche Milch in einem Topf aufkochen lassen, Puddingpulvermischung einrühren und 1 Minute unter ständigem Rühren kochen lassen; Topf von der Hitze nehmen, Butter unterziehen.

6 Den Blätterteigboden mit 3 EL Erdbeermarmelade bestreichen, Pudding darüber verteilen und auskühlen lassen.

7 Die restliche Marmelade erwärmen und auf die Vanillecreme streichen.

8 Erdbeeren waschen, putzen, halbieren und mit der Schnittfläche nach unten auf die Marmelade legen; zum Schluss mit Staubzucker bestreuen.

Zubereitungszeit: 1 Stunde
Zutaten für 4–6 Portionen

*1 Packung SPAR Natur*pur Bio-Blätterteig (240 g)*
1 Dotter zum Bestreichen

Vanillecreme:
½ l Milch
1 Packung Vanillepudding
1 EL Zucker
2 Packungen Vanillezucker
40 g weiche Butter

6 EL Erdbeermarmelade
2 EL Rum
400 g SPAR wie früher Erdbeeren

Staubzucker zum Bestreuen

Backtrennpapier

Erdbeeren als Klima-Chance

Die Waldviertler **SPAR wie früher Humus-Erdbeeren** – erkennbar am grünen Humus-Button – entlasten durch gezielten Humus-Aufbau die Atmosphäre und schützen das Grundwasser. Pro geerntetem Kilogramm Erdbeeren lassen sich im Boden vier Kilogramm CO_2 binden. Ein wertvoller Beitrag zum Klimaschutz. Der gute Humusboden fördert ein vitales Wachstum und auch den Geschmack. SPAR wie früher Humus-Erdbeeren schmecken intensiver und süßer.

Buttermilch-Pfannkuchen mit Bio-Bourbon-Vanille, Erdbeeren und Bio-Ahornsirup

Zubereitungszeit: 30 Min
Zutaten für 4 Portionen (ca. 16 Stück):

250 g Mehl (glatt)
1 Packung Backpulver
Prise Salz
*30 g SPAR Natur*pur Bio-Bourbon-Vanillezucker*
2 Eier
⅛ l Buttermilch
¼ l SPAR Vital Heumilch
60 g Butter
Öl zum Ausbacken

300 g Erdbeeren
Saft von ½ Bio-Zitrone
8 g Bio-Bourbon Vanillezucker
Eventuell Ahornsirup oder auch Honig zum Beträufeln

Bio-Vanillezucker selbst herstellen: *Bereits ausgekratzte Schoten von SPAR Natur*pur Bio-Bourbon-Vanilleschoten in ein Glas mit Bio-Rohrzucker stecken (2–3 Schoten auf 500 g), einige Wochen ziehen lassen. Etwas Vanillemark beschleunigt und intensiviert den Geschmack.*

1 Backrohr auf 60° (Ober- und Unterhitze) vorheizen.

2 Mehl mit Backpulver, Salz und Vanillezucker in eine Schüssel sieben, Eier zufügen, alles leicht verrühren und unter ständigem Rühren Buttermilch und Milch untermengen.

3 Butter schmelzen und unter den Teig rühren.

4 Öl in einer kleinen Pfanne erhitzen, jeweils 2 Esslöffel Teig in das Fett geben und Pfannkuchen auf jeder Seite etwa 2 Minuten ausbacken; mit Alufolie abdecken und im Backrohr warm stellen bis alle Pfannkuchen fertig gebacken sind.

5 Erdbeeren waschen, putzen, vierteln, Zitronensaft und Vanillezucker zugeben und gut vermengen.

6 Pfannkuchen anrichten, mit den marinierten Erdbeeren belegen und mit Ahornsirup beträufeln.

Heumilch aus den Salzburger Bergen

Die Produktion von Heumilch ist die ursprünglichste Form der Milcherzeugung. Mehr als 50 verschiedene Gräser und Kräuter sind im Sommer die Futterquelle für Heumilch-Kühe, während im Winter Heu und Getreide auf dem Speiseplan steht. **SPAR Vital fettarme Heumilch** wird von Salzburger Bergbauern bis in eine Seehöhe von 1450 m erzeugt.

10 Gründe für SPAR Vital fettarme Bergbauern-Heumilch

1. *Nachhaltige Bodennutzung*
2. *Artenvielfalt der Wiesen*
3. *Schutz der Landschaft*
4. *Glückliche Kühe*
5. *Silage-Futter verboten*
6. *Ein besonderes Aroma*
7. *Frei von Zusatzstoffen*
8. *Existenzsicherung österreichischer Bergbauern*
9. *Klimafreundlich & regional*
10. *Gentechnikfrei*

Unterschied Heumilch vs. Bio-Milch

Es ist vorwiegend die Fütterung: Mittels moderner Heutrocknung werden Wiesen mit hohem Klee- und Kräuteranteil für den Winter konserviert. Diese natürliche Futter-Vielfalt – Basis der guten Heumilchqualität – kann mittels Silagepraxis nicht erreicht werden. Heumilch hat meist einen höheren Gehalt an Omega 3-Fettsäuren und höhere Kalziumwerte. Heumilch in Bioqualität muss auch doppelt zertifiziert werden.

Kooperation und Vielfalt

Von der Region für die Region: Die SPAR Vollmilch kommt frisch aus der Nachbarschaft, von lokalen Produzenten und lokalen Molkereien. Das garantiert Güte und Frische, vermeidet lange Transportwege, schont das Klima und auch die Wertschöpfung bleibt in der Region.

Marinierte Bio-Sesam-Kartoffeln mit jungem Vogerlsalat und Speck

Zubereitungszeit: 30 Min
Zutaten für 4 Portionen

800 g Kartoffeln, fest kochend
Salz
6 EL Olivenöl
*4 EL SPAR Natur*pur Bio-Sesam*
160 g Hamburgerspeck

Marinade:
8 EL Olivenöl
4 EL milder Weißweinessig oder weißer Balsamico
1 EL englischer Senf
Salz
Pfeffer aus der Mühle
120 g Vogerlsalat, geputzt

***Restl-Tipp**: Übrigen Feldsalat mit Frühlingszwiebeln, Sonnenblumenkernen, Ziegenfrischkäse, Mascarpone, Weißweinessig und Orangensaft im Zerkleinerer fein pürieren, mit Salz und Wasabi abschmecken. Als Aufstrich servieren.*

1 Die Kartoffeln in Salzwasser weich kochen, auskühlen lassen, schälen, halbieren oder vierteln.

2 Öl in einer Pfanne erhitzen, die Kartoffeln zugeben und darin 1–2 Minuten anbraten. Hitze reduzieren, Sesam darüber streuen und 1–2 Minuten weiter braten.

3 Speck in ½ cm dicke Streifen schneiden, zu den Kartoffeln geben und ebenfalls 1–2 Minuten bei mittlerer Hitze mitbraten.

4 *Marinade:* Öl mit Essig, Senf und 1 TL heißem Wasser zu einer sämigen Marinade verrühren und mit Salz und Pfeffer abschmecken.

5 Vogerlsalat mit der Hälfte der Marinade locker vermengen und auf Tellern anrichten. Die gebratenen Kartoffeln samt Speck darüber verteilen und mit der restlichen Marinade beträufeln.

Immer gut drauf

Ernährungsexperten sind sich einig. Aromatische **SPAR Natur*pur Bio-Saaten** sollte man wie Kräuter oder Gewürze verwenden. Wer täglich Körner oder Kerne isst, schützt den Körper und gibt ihm Kraft.

Raffiniert, dekorativ, für Gäste

Gerolltes Bio-Spinat-Ricotta-Omelette mit Rohschinken

Garten-Tipp: *Spinat kann noch bis April gesät werden, muss jedoch schnell geerntet werden da er sonst zu schießen beginnt. Besser: Im Spätherbst für den Frühling säen, im August für den Herbst.*

Zubereitungszeit: 30 Min
Zutaten für 4 Portionen

2 Knoblauchzehen
*120 g junger Bio-Spinat geputzt oder 2 Packungen SPAR Natur*pur Bio-Blattspinat-Minis*
40 g Butter
6 große Eier
Salz
Pfeffer aus der Mühle

250 g Ricotta
1 Dotter
50 g Parmesan, frisch gerieben
Salz
Pfeffer aus der Mühle

2 Frühlingszwiebeln (ca. 60 g)
2–3 Scheiben Rohschinken (ca. 80 g)

Alufolie
Butter zum Bestreichen

1 Backrohr auf 180 °C vorheizen.

2 Knoblauch schälen und feinblättrig schneiden.

3 Butter in einer großen – am besten beschichteten – Pfanne (ca. 28 cm Durchmesser) schmelzen, Knoblauch darin anrösten, Spinat zugeben, zusammenfallen lassen und kurz mitrösten. Eier verquirlen, mit Salz und Pfeffer würzen, über den Spinat gießen und die Eimasse im Rohr etwa 10 Minuten stocken lassen. Ein Stück Alufolie mit Butter bestreichen und das Omelette darauf stürzen; kurz abkühlen.

4 Ricotta mit Parmesan und Dotter verrühren, mit Salz und Pfeffer abschmecken.

5 Frühlingszwiebeln in feine Ringe schneiden.

6 Omelette mit der Ricottamasse bestreichen, mit Zwiebeln bestreuen, Schinken mit den Fingern zerpflücken und darüber verteilen.

7 Mit Hilfe der Alufolie das Omelette einrollen und im Rohr bei 180 °C nochmals etwa 20 Minuten backen.

8 Die gebackene Roulade etwa 10 Minuten auskühlen lassen und anschließend aus der Folie wickeln. Warm oder kalt in Scheiben schneiden und servieren.

Dazu passend: Salat

Garteln mit bewusster Wahl

Bio fängt im Boden an. **SPAR Natur*pur Bio-Erde** (10 l und 40 l) ist frei von Chemie, mit hohem Gehalt an organischen Substanzen für beste Aktivierung des natürlichen Bodenlebens.

Endlich Sommer!
SPAR Vital
ÖSTERREICHISCHE HIMBEEREN
℮ 125 g
1L.
ÖSTERREICHISCHE ROTE RIBISELN
℮ 250 g

Ist es nicht herrlich, aus dem Vollen schöpfen zu können? Da tritt das Fleisch gerne diskret in den Hintergrund und überlässt das Feld den kalten Suppen, den frischen Salaten und aromatischen Gemüsegerichten. Wer jetzt die sonnenreifen heimischen Beeren und Früchte konserviert oder zu aromatischen Marmeladen verkocht, wird im Winter tausendfach belohnt.

Vegan, scharf, prickelnd

Gefüllte Bio-Chili-Tomaten „Paella Art"

Zubereitungszeit: 1 Stunde
Zutaten für 4 Portionen

8 große Tomaten

1 hellgrüner Paprika
2 Knoblauchzehen
4 EL Petersilie, fein gehackt
1 Päckchen Safran
1 EL Paprikapulver
1 TL SPAR PREMIUM Bio-Chili-Paste, scharf
⅛ l Olivenöl
80 g Basmatireis
Salz
Pfeffer aus der Mühle

***Lager-Tipp**: Tomaten sind kälteempfindlich und sie müssen atmen. Sie werden daher am besten ausgepackt und getrennt von anderem Gemüse bei Zimmertemperatur gelagert. Im Kühlschrank verlieren sie an Aroma.*

1. Kappen von den Tomaten abschneiden und Fruchtfleisch mit einem Kaffeelöffel herauslösen; Tomaten in eine Auflaufform setzen.
2. Paprika putzen, Knoblauch schälen und beides grob schneiden.
3. Tomatenfruchtfleisch mit Paprika, Knoblauch, Petersilie, Safran, Paprikapulver, Chili-Paste sowie der Hälfte des Olivenöls im Mixaufsatz grob pürieren.
4. Rohen Reis zu der Paprika-Gewürzmischung geben, gut vermengen und ca. 30 Minuten ziehen lassen; öfters umrühren.
5. Backrohr auf 190 °C (Ober- und Unterhitze) vorheizen.
6. Reismasse in die vorbereiteten Tomaten füllen, Deckel darauf setzen, mit dem restlichen Olivenöl beträufeln und im Rohr zugedeckt etwa 70 Minuten backen, so lange braucht der Reis um gar zu werden.

***Tipp**: Die Tomaten schmecken lauwarm mit etwas Jogurt am besten.*

Würz-Zauber aus dem Burgenland

Die **SPAR PREMIUM Bio-Chili-Paste** wird in der Manufaktur von **Erich Stekovics**, dem Verfechter der verloren gegangenen Geschmäcker und der Vielfalt, erzeugt. Die Chilis der Sorte Santa Fee werden in Frauenkirchen geerntet und mit Salz, Öl und ausgewählten Zutaten zu einer einzigartigen Chili-Paste verfeinert.

Kalbs-Involtini
mit geschmorten Tomaten und Bio-Oliven

Zubereitungszeit: 30 Min
Zutaten für 4 Portionen

8 dünne Kalbsschnitzel (à 80 g)
Salz
Pfeffer aus der Mühle
8 Scheiben Rohschinken
18 Salbeiblätter
1 Kugel Mozzarella

2 EL Olivenöl
20 g Butter

120 g Cocktailtomaten, rot und gelb
ca. ⅛ l Rindsuppe
2 EL schwarze Oliven
20 g Butter
Holzzahnstocher

Haltbar-Tipp*: Oliven immer nur mit Holz- oder Plastikbesteck aus dem Glas nehmen und darauf achten, dass sie mit der Marinade luftdicht bedeckt bleiben.*

1 Schnitzel mit der flachen Seite des Fleischklopfers dünn ausklopfen, mit Salz und Pfeffer würzen.

2 Jedes Schnitzel mit einem zusammengelegten Blatt Rohschinken belegen, Salbeiblätter grob hacken und darüber streuen.

3 Mozzarella gut abtropfen lassen, in 4 Scheiben und dann in Streifen schneiden und auf den Schnitzeln verteilen.

4 Schnitzel zusammenrollen und mit je einem Zahnstocher fixieren.

5 Öl in einer Pfanne leicht erhitzen, Rouladen darin auf allen Seiten anbraten, Tomaten zugeben, mit Suppe aufgießen und bei geringer Hitze ca. 10–12 Minuten „schmurgeln" lassen; Rouladen ein- bis zweimal in der Sauce wenden.

6 Oliven zugeben, kurz in der Sauce erhitzen, Pfanne von der Hitze nehmen und kalte Butter in kleinen Stücken zugeben; Pfanne dabei hin- und herschwenken, damit sich die Butter mit der Sauce verbindet.

7 Zahnstocher entfernen und Involtini mit der Sauce anrichten.

Dazu passend: Teigwaren oder frisches Baguette

Pikante Bio-Bonbons

Ein Aha-Erlebnis! Die großen, sonnengereiften **SPAR Natur*pur Bio-Kalamata-Oliven** haben einen unverkennbar feinen und intensiven Geschmack ohne dabei bitter zu sein. Ihre schattierten Brauntöne sind ein verlässliches Qualitätsmerkmal (schwarze Oliven werden oft mit Eisenoxid geschwärzt.) Gentechnikfrei, mit AMA-Biozeichen.

Leicht und herzhaft zugleich

Gröstel von Heurigen Kartoffeln mit Basilikumcreme

Zubereitungszeit: 40 Min
Zutaten für 2 Portionen

400 g kleine Kartoffeln, Heurige

1 Zwiebel
1 rote Paprikaschote
1 Zucchini (ca. 150 g)
Salz
Pfeffer aus der Mühle
1 EL Thymianblättchen
2 EL Petersilie, grob gehackt

Creme:
2 Knoblauchzehen
80 g Basilikumblätter
4–5 EL Olivenöl
Salz

1 EL Butter
8 Scheiben Hamburgerspeck (80 g)
Küchenkrepp

Restl-Tipp: *Gekochte, geschälte Kartoffeln durch die Kartoffelpresse drücken und mit sehr fein gehackten Zwiebeln und Sauerrahm verkneten. Den „Erdäpfelkas" mit Salz abschmecken. Kugeln formen, in Kräutern wälzen und als Snack servieren.*

1. Kartoffeln samt Schale in einen Topf geben, mit Wasser bedecken, weich kochen, abseihen, schälen und auskühlen lassen.
2. *Creme:* Knoblauch schälen, grob schneiden, mit grob geschnittenen Basilikumblättern und Olivenöl in ein hohes Mixglas geben und zu einer feinen Creme pürieren, salzen.
3. Zwiebel schälen, halbieren und in dünne Scheiben schneiden.
4. Paprika waschen, halbieren, entkernen und kleinwürfelig schneiden.
5. Zucchini waschen und in Würfel schneiden.
6. Kartoffeln halbieren oder vierteln.
7. Speck in feine Streifen schneiden, in eine Pfanne geben und bei mittlerer Hitze knusprig ausbraten.
8. Speckkrusteln aus der Pfanne nehmen und auf Küchenkrepp abtropfen lassen.
9. Kartoffeln im ausgelassenen Speckschmalz auf allen Seiten knusprig anrösten; aus der Pfanne nehmen.
10. Butter in der Pfanne schmelzen, Zwiebelringe darin anbraten, Paprika und Zucchini dazugeben und kurz mitbraten; alles etwas salzen.
11. Gebratene Kartoffeln zugeben, alles gut vermengen, Petersilie und Thymian untermengen und nochmals nachwürzen.
12. Gröstel anrichten, gebratenen Speck etwas zerbröseln und darüber streuen; mit Basilikumcreme servieren.

Bio-Melanzani-Feta-Burger mit Limetten-Mayo

Veggie-Tipp: *Im Sommer ist die Melanzani oder Aubergine ein idealer Fleischersatz beim Grillen und schmeckt auch als Cordon bleu traumhaft. Harmoniert mit Mittelmeerkräutern wie Rosmarin, Thymian und Knoblauch.*

Zubereitungszeit: 30 Min
Zutaten für 4 Portionen

Limetten-Mayo:
5 EL Mayonnaise
2 EL Jogurt
Salz
Pfeffer aus der Mühle
1 Packung Koriandergrün, gehackt
1 Limette

Burger:
1 große Melanzi (ca. 400 g)
Salz
3 EL Petersilie, gehackt
1 Knoblauchzehe
3 EL Olivenöl
200 g fester Fetakäse

1 großes Ciabattabrot
120 g Rucolasalat, geputzt

1 *Limetten-Mayo:* Mayonnaise mit Jogurt und Koriander vermengen, Schale von ½ Limette fein abreiben, Limette halbieren, die Hälfte davon auspressen, Limettenschale und -saft zur Mayonnaise geben, gut durchrühren und mit Salz und Pfeffer abschmecken.

2 *Burger:* Melanzani in dünne Scheiben schneiden, mit dem Saft der restlichen Limette beträufeln, salzen und 10 Minuten „ziehen" lassen – anschließend mit Küchenrolle trocken tupfen.

3 Knoblauch schälen, fein raffeln oder zerdrücken und mit Olivenöl und Petersilie vermengen; Melanzani damit beträufeln.

4 Feta in 4 Scheiben schneiden.

5 4 Melanzanischeiben mit Feta belegen, mit den restlichen Melanzanischeiben belegen und 6–8 Minuten unter einmaligem Wenden auf dem Grill braten (oder im Rohr bei 190 °C Ober- und Unterhitze 10–12 Minuten überbacken).

6 Ciabattabrot in 4 Teile schneiden, quer halbieren und ca. 2–3 Minuten auf den Grill legen (oder im Rohr 3–4 Minuten erwärmen).

7 Brothälften mit der Limetten-Mayo bestreichen, mit Rucola belegen, ein Melanzani-Käse-Packerl darauf legen und Brotdeckel darauf setzen.

8 Burger mit der restlichen Limetten-Mayo servieren.

Bunter Weltenbürger aus Österreich

Die heimischen **SPAR Natur*pur Bio-Melanzani** entfalten gegrillt und gebraten ihr nussartiges Aroma. Mit der vitaminreichen Schale genießen! Hygienisch verpackt in einer Folie aus nachwachsenden Rohstoffen.

Gelbe Goldita-Gazpacho mit Brotsticks

Zubereitungszeit: 30 Min
+ 2–3 Stunden Kühlzeit
Zutaten für 4 Portionen

1 große Salatgurke
400 g gelbe bzw. orange SPAR wie früher Tomaten Goldita
2 gelbe Paprikaschoten
1 weiße Gemüsezwiebel
2 Knoblauchzehen
⅛ l Olivenöl
2 EL weißer Balsamico
etwas Tabascosauce
Salz
Pfeffer aus der Mühle

Brotsticks:
½ Baguette
3–4 EL Olivenöl zum Braten
Salz

Backtrennpapier

Die kalte spanische Sommersuppe vitalisiert rund um die Uhr, lässt sich herrlich vorbereiten, schmeckt auch unterwegs und im Büro.

1. Salatgurke schälen, der Länge nach halbieren, Kerne herausschaben und in große Würfel schneiden.
2. Tomaten waschen und grob schneiden.
3. Paprikaschoten putzen, Samen entfernen und ebenfalls grob schneiden.
4. Zwiebel und Knoblauch grob schneiden.
5. Alle Zutaten in den Mixaufsatz der Küchenmaschine geben, Olivenöl dazugießen und alles fein pürieren.
6. Gazpacho mit Essig, Tabasco, Salz und Pfeffer abschmecken und zugedeckt 2–3 Stunden kalt stellen.
7. *Brotsticks:* Backrohr auf 200 °C (Ober- und Unterhitze) vorheizen.
8. Baguette der Länge nach in 1 cm breite Scheiben schneiden, dann in 1 cm breite Stangerl schneiden, auf ein mit Backtrennpapier ausgelegtes Backblech legen, mit Olivenöl beträufeln und im Rohr 8–10 Minuten knusprig backen.
9. Gut gekühlte Gazpacho mit den Brotsticks servieren.

Wiederentdeckte Vielfalt

Die **SPAR wie früher Tomatensorten-Raritäten** der „Edition Stekovics" bieten vollaromatische Geschmackserlebnisse zum Selber-Ernten: Barbaniaka, Black Cherry, Gelbe Johannisbeere, Goldita, Weiß Abreifende und Grüne Traube. Alle Pflanzen sind „samenecht", das heißt, sie können selbst vermehrt werden.

Feldgurken-Tzaziki-Creme mit lauwarmen Anis-Tomaten

Gut zum Vorbereiten, ein aphrodisierendes Gaumenerlebnis. Anis gibt auch Linsengerichten, einem Fisch- oder Gemüsecurry ein ganz besonderes Aroma.

Zubereitungszeit: 30 Min (ohne Kühlzeit)
Zutaten für 4–6 Portionen

½ TL SPAR Veggie Gelier Fix Agar Agar
2 Salatgurken (à 350 g)
2 Becher Naturjogurt
4 EL Olivenöl
2 EL Ouzo (Anis-Schnaps, auch Sambuca, Pastis, Pernod oder Raki)
1 Knoblauchzehe
Salz
Pfeffer aus der Mühle

Anis-Tomaten:
500 g kleine, ovale Kirschtomaten
2 EL Anissamen
8 EL Olivenöl
Salz
Pfeffer aus der Mühle
Spritzer Zitronensaft

1. Gurken schälen, der Länge nach halbieren, Kerne heraus schaben, grob raspeln, salzen und 10 Minuten ziehen lassen.
2. Knoblauch schälen und fein hacken.
3. Gurken gut ausdrücken, mit dem Joghurt sowie dem Olivenöl und dem Knoblauch gut vermengen.
4. Agar Agar mit Ouzo in einen kleinen Topf geben, glatt rühren und kurz aufkochen; 3–4 EL von der Gurkenmasse unterrühren und dann unter die restliche Masse mengen. Mit Salz und Pfeffer abschmecken und Gläser damit halbvoll füllen; 4–5 Stunden kalt stellen (am besten über Nacht).
5. Tomaten waschen und halbieren.
6. Anissamen ohne Fett in einem beschichteten Topf kurz anrösten, von der Hitze nehmen, Olivenöl darüber gießen und 10 Minuten ziehen lassen.
7. Halbierte Tomaten mit lauwarmem Anisöl vermengen, mit Salz und Pfeffer abschmecken und mit Tzaziki-Creme servieren.

Veggie-Tipp

Agar Agar ist die rein pflanzliche Alternative zu Gelatine tierischen Ursprungs mit hoher (!) Gelierkraft. **SPAR Veggie Gelier Fix Agar Agar** ist einfach in der Anwendung, bindet bereits bei Zimmertemperatur und eignet sich für herzhafte und süße Speisen. ½ TL Agar Agar entspricht etwa 4 Blatt Gelatine und bindet ca. 250 ml Flüssigkeit.

Tomaten-Aperol-Sulz
mit Limettenjogurt

Zubereitungszeit: 40 Min (ohne Kühlzeit)
Zutaten für 4–6 Portionen

8 gut reife Tomaten (ca. 1 kg)
*50 g schwarze SPAR Natur*pur Bio-Kalamata-Oliven, ohne Stein*
3 EL Olivenöl
Salz
Pfeffer aus der Mühle
10 Blatt Gelatine
¼ l Gemüsesuppe
2 EL Tomatenmark
1 EL brauner Zucker
1/16 l Aperol (Italienischer Likör aus Rhabarber, Bitterorangen, Kräutern ...)
Spritzer Zitronensaft
Spritzer Tabascosauce

Limettenjogurt:
¼ l Jogurt
Schale von 1 Limette, fein abgerieben
Prise Zucker
Salz
Pfeffer aus der Mühle

Küchenkrepp
Klarsichtsfolie

Restl-Tipp: *Tomaten-Aperol-Sulz passt auch hervorragend zu Blattsalaten, Rohschinken und herbem Käse (Bergkäse oder Pecorino). Ein Highlight auf jeder kalten Platte.*

1. Tomaten am Stielansatz kreuzweise einschneiden. Wasser in einem großen Topf zum Kochen bringen, Tomaten darin 1–2 Minuten blanchieren, herausnehmen, kurz in Eiswasser legen, vierteln, Strunk und Fruchtfleisch entfernen.
2. Tomaten auf Küchenkrepp gut abtropfen lassen.
3. Oliven grob hacken, mit den Tomatenvierteln und dem Olivenöl locker vermengen und mit Salz und Pfeffer abschmecken.
4. Kastenform (24 cm Länge) mit Klarsichtsfolie auslegen und Tomaten einfüllen.
5. Gelatine in kaltem Wasser einweichen.
6. Gemüsesuppe mit Tomatenmark 3–4 Minuten kochen lassen, von der Hitze nehmen und gut ausgedrückte Gelatine darin auflösen; Aperol zufügen und mit Zucker, Zitronensaft, Tabasco sowie Salz und Pfeffer abschmecken. Über den Tomaten verteilen, Kastenform mit Folie abdecken und über Nacht kalt stellen.
7. Tomatengelee stürzen, Folie abziehen, in Stücke schneiden und mit dem Limettenjogurt anrichten.
8. *Limettenjogurt:* Jogurt mit Limettenschale verrühren, mit Zucker, Salz und Pfeffer abschmecken.

Aus biologischer Landwirtschaft

Für **SPAR Natur*pur Bio-Gelatine** werden reine Bio-Schweineschwarten in einer kontrollierten und speziell zertifizierten Produktion zu Bio-Gelatine verarbeitet.

Gratinierter süßer Ziegenkäse in Ofen-Zitronen mit Bio-Zucchinipesto

Ziegenkäse harmoniert auch wundervoll auf Pizza mit Champignons und Rohschinken, mit fruchtig-säuerlichem Obst oder Chutneys, mit Honig und Walnüssen und auf knackigem Salat.

Zubereitungszeit: 40 Min
Zutaten für 4 Portionen

Zucchinipesto:
1 kleine, feste Zucchini (ca. 120 g)
2 Knoblauchzehen
3 EL Pinienkerne, gemahlen
1 EL Parmesan, gerieben
4 EL Petersilie, gehackt
6 EL Olivenöl
Salz
Pfeffer aus der Mühle

2 Bio-Zitronen
4 kleine, festere Ziegenweichkäse (z. B. Crottin de chavignol oder Pico, gewürfelt)
3 EL SPAR Natur*pur Österreichischer Bio-Wald- & Blütenhonig
1 kleine Chilischote

1 ***Zucchinipesto:*** Zucchini waschen, grob schneiden, Knoblauch schälen, grob hacken, beides mit Pinienkernen, Parmesan, Petersilie und Öl im Mixaufsatz der Küchenmaschine grob pürieren und mit Salz und Pfeffer abschmecken.

2 Backrohr auf 200 °C (Ober- und Unterhitze) vorheizen.

3 Zitronen halbieren, mit den Schnittflächen nach unten in eine Auflaufform legen und 6–8 Minuten braten; auskühlen lassen und auspressen.

4 Chilischote fein hacken, mit Zitronensaft und Honig vermengen.

5 In jede Zitronenhälfte ein Stück Käse drücken, in eine Auflaufform setzen und 5–6 Minuten überbacken; noch heiß mit der Marinade beträufeln.

6 Käse am besten lauwarm mit dem Pesto servieren.

Dazu passend: Aufgebackenes Olivenbrot

Von heimischen Imkern

SPAR Natur*pur Österreichischer Bio-Wald- & Blütenhonig stammt aus ökologischer Bienenhaltung und wird nach den strengen Richtlinien der Bio-Austria produziert. Ein Gradmesser für Bio ist das Bienenwachs, es wirkt wie ein Speicher und nimmt alle Giftstoffe auf. Beim Bio-Imker dürfen keine Rückstände im Wachs sein. Auch die Gesundheit und Abwehrkräfte der Bienen werden auf natürliche Weise gestärkt.

Gegrilltes Rib-Eye-Steak mit Pfefferpaste und geschmolzenen Mozzarella-Kartoffeln

Zubereitungszeit: 1 Stunde
Zutaten für 4 Portionen

Würzpaste:
2 Knoblauchzehen
1 EL Kren, aus dem Glas
1 TL schwarze Pfefferkörner
1 TL grüne, eingelegte Pfefferkörner, abgetropft
2 EL Olivenöl
Salz

4 TANN Rib-Eye-Steaks (à 250 g)

Geschmolzene Mozzarella-Kartoffeln:
500 g Bio-Kartoffeln, mehlig
2 Packungen Bio-Mozzarella
Salz
Pfeffer aus der Mühle
2 EL Olivenöl
15 Basilikumblättchen
60 g Parmesan, frisch gerieben

Wiederverwendbare Grill- oder Alutassen
Alufolie zum Abdecken sparsam verwenden

***Umwelt-Tipp**: Auch beim Grillen auf Umweltverträglichkeit achten. Wer aufs feurige Vergnügen nicht verzichten will: FSC-Kohle und Anzünder ohne Chemie von BARBECUE verwenden, Müllberge vermeiden, mehr Gemüse als Fleisch auf den Rost legen.*

1. ***Würzpaste:*** Knoblauch schälen, grob schneiden, mit den beiden Pfeffersorten und dem Olivenöl im Mixaufsatz der Küchenmaschine zu einer Paste verarbeiten und salzen.
2. Steaks trocken tupfen, rundherum mit der Paste einstreichen und zugedeckt bei Zimmertemperatur etwa 1 Stunde „durchziehen" lassen.
3. ***Geschmolzene Mozzarella-Kartoffeln:*** Kartoffeln kochen, abseihen, schälen und auskühlen lassen.
4. Grilltassen mit Öl ausstreichen. Kartoffeln und Mozzarella in etwa ½ cm dicke Scheiben schneiden und abwechselnd mit Basilikumblättern dachziegelartig in die Alutassen einlegen; mit Salz und Pfeffer würzen.
5. Parmesan darüber streuen, mit Alufolie abdecken, auf den Grill stellen und 15–20 Minuten grillen – bis der Käse geschmolzen ist.
6. Steaks auf den mittelheißen Grill legen und auf jeder Seite etwa 3–4 Minuten grillen; auf ein Stück Folie legen, Steak locker einpacken, an den Rand des Grills legen und 6–8 Minuten rasten lassen.
7. Steaks mit den Kartoffeln anrichten.

Vegetarisch schmeckt es auch ...

Weniger Fleisch ist gut fürs Klima. Für den guten Mix am Grill: **SPAR Veggie Vegetarische Grillplatte** mit Bratwurst, Schnitzel, Pfeffersteak und Gemüseecke. Für die Pfanne und den Grill.

Die Meisterqualität von TANN

Mit Leidenschaft und Sorgfalt verarbeiten rund 80 Fleischermeister das TANN Qualitätsfleisch zum erlesenen Feinschmecker-Sortiment. TANN Frischfleisch wird bei SPAR fachkundig bedient. Ob dick oder dünn, marmoriert oder mager – jede Fleischvorliebe wird möglich, rezeptgenau. Sogar Aktionspreise bekommt man Deka für Deka.

Das AMA-Gütesiegel

Seit 1994 setzt TANN, der SPAR-eigene Fleisch- und Wursterzeuger, auf Frischfleisch mit dem AMA-Gütesiegel. Es kennzeichnet nur erstklassige Fleischqualität aus Österreich und garantiert strengste Kontrollen. Vom Bauernhof bis zum Verkauf. Vom Tier bis zum Futter. Von der Hygiene bis zur Kühlung. Selbst die Zartheit und Saftigkeit von Fleisch wird gemessen. Erst dann bekommt Frischfleisch das AMA-Gütesiegel.

Österreichweit garantieren 6 TANN Produktionsbetriebe für kurze Transportwege und täglich absolute Frische.

Barbecue Pizza

Zubereitungszeit: 2 Stunden
Zutaten für 6–8 Portionen

Teig:
250 g Mehl (universal)
4 g SPAR Natur*pur Bio-Germ getrocknet oder 12 g frische Germ
½ TL Salz
3 EL Olivenöl
1 Dotter

Belag:
2 gelbe Paprikaschoten
2 rote Paprikaschoten
2 rote Zwiebeln
2 festere Zucchini
1 große Melanzani
3 Knoblauchzehen
3 Zweige Rosmarin
150 g Kirschtomaten
⅛ l Olivenöl
Salz
Pfeffer aus der Mühle

Profis backen sie im Grill – wir bevorzugen das Backrohr und servieren sie zum Grillfleisch dazu.

1 *Teig:* Mehl und Salz versieben; Germ in ca. ⅛ l lauwarmem Wasser auflösen, mit dem Dotter und dem Öl zum Mehl geben und zu einem glatten Teig verarbeiten; zu einer Kugel formen, in eine bemehlte Schüssel geben und zugedeckt ca. 45 Minuten rasten lassen.

2 *Belag:* Alle Paprikaschoten putzen und in grobe Stücke schneiden.

3 Zwiebeln schälen und in dünne Ringe schneiden.

4 Zucchini und Melanzani in dünne Scheiben schneiden.

5 Das ganze Gemüse in eine Schüssel geben, salzen, Olivenöl darüber gießen und alles gut vermengen.

6 Knoblauch schälen und fein hacken.

7 Nadeln von den Rosmarinstielen herunterziehen und mit dem Knoblauch zum Gemüse geben.

8 Backrohr auf 200 °C (Ober- und Unterhitze) vorheizen.

9 Teig auf einer bemehlten Arbeitsfläche zur Größe eines Backblechs ausrollen, auf ein leicht beöltes Blech legen.

10 Gemüse sowie halbierte Tomaten auf dem Teig verteilen und auf mittlerer Schiene etwa 45 Minuten backen.

11 Pizza mit Salz und Pfeffer würzen, mit Olivenöl beträufeln und warm oder kalt servieren.

Ökologisch und gentechnikfrei

Der **SPAR Natur*pur Bio-Germ** ist getrockneter Frischgerm aus biologischem Anbau. Die Hefestämme werden in einer auf biologischer Basis hergestellten Nährlösung gezüchtet. Nur einrühren, der Teig gelingt ganz ohne Dampf. Mit EU-Label für ökologischen Landbau, AMA-Biozeichen, Gentechnikfreiheit und Grüner Punkt.

Einfach, erfrischend, exotisch

Geeiste Avocado-Buttermilchsuppe mit Tomatillo-Salsa

Zubereitungszeit: 30 Min
+ 1 Stunde Kühlzeit
Zutaten für 4 Portionen

Salsa:
150 g Tomatillos (dunkle Tomaten) oder 150 g Cherry-Tomaten
1 rote Zwiebel
1 kleine Chilischote
4 EL Koriandergrün, gehackt
Saft von 1 Limette
Prise Zucker
Salz
Pfeffer aus der Mühle

Avocadosuppe:
*3 reife SPAR Natur*pur Bio-Avocados*
⅛ l kalte Gemüsesuppe
*¾ l kalte SPAR Natur*pur Bio-Fit Buttermilch*
Saft von 1 Limette
Salz
Pfeffer aus der Mühle

Haltbar-Tipp: *Avocados werden, da sie nicht am Baum reifen, immer hart geerntet. In Zeitungspapier eingewickelt reifen sie bei Zimmertemperatur in zwei bis vier Tagen.*

1 *Salsa:* Tomaten klein schneiden; Zwiebel schälen, fein hacken, mit den Tomatenwürfeln vermengen, Chili fein hacken, mit dem Koriandergrün zugeben und die Salsa mit Limettensaft, Zucker sowie Salz und Pfeffer abschmecken; Salsa zugedeckt kalt stellen.

2 *Avocadosuppe:* Avocados halbieren, Kern herauslösen, Fruchtfleisch mit einem Löffel herauslösen, mit Suppe und Buttermilch in ein hohes Mixglas geben und mit dem Pürierstab fein pürieren.

3 Suppe mit Limettensaft, Salz und Pfeffer abschmecken und für ca. 1 Stunde in den Tiefkühler stellen.

4 Suppe in Schalen gießen und mit der Tomatillosalsa servieren.

Avocados – bitte bio!

Ihr hoher Anteil an ungesättigten Fettsäuren macht die **SPAR Natur*pur Bio-Avocado** so gesund. Sie hält den Cholesterinspiegel niedrig, Herz und Kreislauf in Schwung, Haut und Haar geschmeidig. Kurz: sie tut gut, kommt allerdings von weit her, darum ist „bio" die bessere Wahl.

Tomaten mit Thunfischfülle in Petersilien-Öl

Ein tolles Rezept für Grill- und Gartenfeste. Die gefüllten Tomaten schmecken auch als Vorspeise, herzhafte Salat-Beilage und natürlich zum Abendessen.

Zubereitungszeit: 30 Min
Zutaten für 4 Portionen

Petersilien-Öl:
30 g Petersilie, Blättchen
⅛ l Olivenöl
1–2 EL Milch
Spritzer Zitronensaft
Salz
Pfeffer aus der Mühle

Thunfischfülle:
1 Knoblauchzehe
150 g SPAR PREMIUM Thunfischfilets Albacore, MSC
2 EL Tomatenmark oder dick eingekochtes Tomatenpüree
4 EL Olivenöl
Spritzer Limettensaft
Salz
Pfeffer aus der Mühle

4 Tomaten

1. *Petersilien-Öl:* Petersilieblättchen mit kochendem Wasser übergießen, 1–2 Minuten ziehen lassen und kalt abschwemmen.
2. Mit Öl und Milch fein pürieren und mit Zitronensaft, Salz und Pfeffer abschmecken.
3. *Thunfischfülle:* Knoblauch schälen und fein hacken.
4. Thunfischfleisch gut abtropfen lassen und mit 3 EL Petersilieöl, passierten Tomaten, Öl und Knoblauch grob pürieren. Masse mit Salz und Pfeffer abschmecken.
5. Tomaten am Stielansatz kreuzweise einschneiden. Wasser in einem großen Topf zum Kochen bringen, Tomaten darin 1–2 Minuten blanchieren, herausnehmen, kurz in Eiswasser legen, herausnehmen und schälen.
6. Von den Tomaten eine Kappe wegschneiden (Seite mit dem Stielansatz) und mit einem Kaffeelöffel vorsichtig aushöhlen.
7. Tomaten innen etwas salzen und mit der Thunfischmasse füllen.
8. Mit der gefüllten Seite nach unten auf Teller setzen, mit dem restlichen Petersilie-Öl beträufeln und z. B. mit Chilifäden bestreuen.

Nachhaltig gefangen

Der äußerst schmackhafte **SPAR PREMIUM Albacore Thunfisch** wird traditionell mit Angel und Leine gefangen, damit kein ungewollter Beifang anfällt. Diese Fangmethode wurde unter anderem mit dem Label des Marine Stewardship Council (MSC) und dem WWF-Logo ausgezeichnet.

Gebratene Maiskolben mit Koriander-Limetten-Butter und Gorgonzola-Pfeffer-Butter

Zubereitungszeit: 40 Min
Zutaten für 4 Portionen

Koriander-Limetten-Butter:
120 g Butter
Salz
2 EL Koriandergrün, gehackt
1 Limette
½ TL Ingwer, fein gerieben (oder Ingwerpaste)

Gorgonzola-Pfeffer-Butter:
120 g Butter
Salz
1 kleine Knoblauchzehe
80 g Gorgonzola
½ EL Pfeffer, grob geschrotet

4 große Maiskolben
3 EL Olivenöl
Salz

Backtrennpapier

Restl-Tipp: *Gorgonzola-Butter passt zu Ofen-Kartoffeln, gegrillten Birnen und Steaks. Sie lässt sich gut einfrieren. Koriander-Limetten-Butter harmoniert mit Geflügel, Fisch und Meeresfrüchten.*

1. ***Koriander-Limetten-Butter:*** Weiche Butter schaumig rühren, salzen und Koriander zugeben. Schale von der Limette dünn abreiben, ebenfalls zugeben, Limette halbieren und den Saft von einer Hälfte zugeben, alles nochmals gut durchrühren.
2. Butter auf ein Stück Backtrennpapier streichen, einrollen, Enden zusammendrücken und kalt stellen.
3. ***Gorgonzola-Pfeffer-Butter:*** Weiche Butter schaumig rühren, salzen, Knoblauch schälen, fein hacken und mit dem Pfeffer unter die Butter mengen, alles nochmals gut durchrühren.
4. Butter auf ein Stück Backtrennpapier streichen, einrollen, Enden zusammendrücken und kalt stellen.
5. Mais putzen und in ungesalzenem Wasser ca. 15 Minuten vorkochen; aus dem Wasser heben, gut abtropfen lassen und einmal halbieren; eventuell nochmals mit einem Küchenkrepp trocken tupfen.
6. Öl in einer Pfanne (Grillpfanne) leicht erhitzen, Maisstücke auf allen Seiten goldbraun braten, anschließend mit Salz bestreuen und mit den Buttervarianten anrichten.

Vorzügliche Würze aus Österreich

Der **SPAR PREMIUM Bio-Weingartenknoblauch** ist eine ursprüngliche Sorte mit einzigartigem Geschmack, die sich neben Weinreben besonders wohl fühlt und früher auch in Weingärten gepflanzt wurde. Erich Stekovics kultiviert die Sorte wieder in Bio-Qualität, ihr knackiger Biss und die milde Schärfe wird mit Bio-Paradeiseressig veredelt.

Gefülltes Salatherz

Durch die ausgeprägten Blattrippen kann Romanasalat auch wunderbar gedünstet oder gegrillt werden. Der Geschmack erinnert dann leicht an Spargel.

Zubereitungszeit: 40 Min
Zutaten für 4 Portionen

4 Salatherzen (Römersalat)
300 g Hühnerbrust
40 g getrocknete Tomaten, in Öl eingelegt
50 g Stangensellerie
2 Knoblauchzehen
2 Schalotten
100 g Doppelrahmkäse
3 EL Basilikum, geschnitten
Salz
Pfeffer aus der Mühle
3–4 EL Olivenöl zum Braten
200 g Cherrytomaten
ca. ⅛ l Gemüsesuppe
1 TL Honig
Salz
Pfeffer aus der Mühle
Bindfaden

1. Salatherzen der Länge nach halbieren.
2. Hühnerfleisch kleinwürfelig schneiden.
3. Tomaten fein hacken.
4. Schalotten und Knoblauch schälen und fein hacken.
5. Stangensellerie kleinwürfelig schneiden und alle Zutaten mit dem Hühnerfleisch locker vermengen. Frischkäse sowie Basilikum untermengen und mit Salz und Pfeffer abschmecken.
6. Masse auf die jeweils vier Salatherzhälften streichen, mit den restlichen Hälften abdecken und mit Bindfaden umwickeln.
7. Olivenöl in einer Pfanne erhitzen, Salatherzen auf beiden Seiten anbraten, geviertelte Tomaten zugeben, mit Suppe aufgießen und zugedeckt ca. 15 Minuten schmoren. Sauce eventuell mit Olivenöl verfeinern und mit Salz und Pfeffer abschmecken.
8. Salatherzen kurz überkühlen lassen und mit der Sauce anrichten.

Dazu passend: Bio-Kornbaguette

Tortilla-Salat mit gegrilltem Paprika

Zubereitungszeit: 30 Min
Zutaten für 4 Portionen

2 EL Olivenöl
1 TL Paprikapulver
4 Tortillafladen
1 rote Zwiebel
300 g gegrillte Paprika aus dem Glas
300 g bunte Tomaten

Marinade:
1 TL Fenchel- oder Koriandersamen
Saft von 2 Limetten
8 EL Olivenöl
Salz
Pfeffer aus der Mühle

200 g Manurikäse (Milder Schaffrischkäse)
1 Hand voll Minzblättchen

***Restl-Tipp**: Übrige Tortilla-Fladen kann man gut einfrieren oder mit etwas Öl einpinseln und mit Resten aus dem Kühlschrank wie Pizza belegen, bei 200 °C ca. 10 Minuten im Rohr überbacken.*

1 Backrohr auf 200 °C (Ober- und Unterhitze) vorheizen.

2 Paprikapulver mit Öl verrühren, Tortillafladen damit beidseitig bestreichen, auf ein Backblech legen und im Rohr auf jeder Seite etwa 3 Minuten knusprig aufbacken.

3 Zwiebel schälen, halbieren und in feine Streifen schneiden.

4 Paprika gut abtropfen lassen und in etwa 1 cm breite Streifen schneiden.

5 Tomaten waschen, vierteln oder achteln.

6 Zwiebeln, Paprika und Tomaten in eine Schüssel geben und locker miteinander vermengen.

7 *Marinade:* Fenchel- oder Koriandersamen in einem Mörser grob zerstoßen, anschließend mit Limettensaft und Öl vermischen und die Marinade mit Salz und Pfeffer abschmecken.

8 Gebackenes Brot in Stücke brechen und unter den Salat mengen. Mit der Marinade übergießen und alles gut vermengen.

9 Salat anrichten, Käse darüber bröseln und mit Minzblättchen bestreuen.

Toskanisches Gold

Exzellent-fruchtiges **SPAR Natur*pur Bio-Olivenöl** aus traditioneller, kontrolliert biologischer Oliven-Kultur. Zum richtigen Reifegrad von Hand gepflückt, in der Steinmühle schonend gepresst, höchste Güteklasse „nativ-extra“.

Mariniertes Sommergemüse mit Bio-Sesam-Hummus

Veggie-Tipp: *Alle Produkte von SPAR Veggie sind mit dem V-Label der Europäischen Vegetarier-Union gekennzeichnet, sie sind garantiert vegan oder vegetarisch und schonen unser Klima.*

Zubereitungszeit: 1 Stunde
Zutaten für 4–6 Portionen

Mariniertes Sommergemüse:
1 große Zucchini (ca. 250 g)
1 Melanzani
1 kleine Fenchelknolle
1 roter Paprika
2 gelbe Paprika
1 weiße Gemüsezwiebel
200 g kleine, ovale Tomaten
2 Zweige Rosmarin
4 Knoblauchzehen
6–8 EL Olivenöl
2–3 EL weißer Balsamicoessig
Salz
Pfeffer aus der Mühle

Sesam-Hummus:
3 Packungen SPAR Veggie Bio-Aufstrich Hummus
3 EL Sesamöl
2 EL Sesamsamen
Salz
Pfeffer aus der Mühle

1 Backrohr auf 180 °C (Ober- und Unterhitze) vorheizen.

2 *Mariniertes Sommergemüse:* Zucchini und Melanzani waschen, trocken tupfen und in Scheiben schneiden.

3 Fenchel putzen, halbieren, in ca. 1 cm breite Stücke schneiden.

4 Beide Paprikasorten waschen, halbieren, Samen entfernen und in ca. 2 cm breite Streifen schneiden.

5 Zwiebel schälen und achteln.

6 Das ganze geschnittene Gemüse auf einem Backblech verteilen, Tomaten, Rosmarin sowie die ganzen Knoblauchzehen zugeben, mit der Hälfte des Olivenöls beträufeln, etwas salzen und im Rohr bei 180 °C ca. 35–40 Minuten braten.

7 Blech aus dem Rohr nehmen, Essig und restliches Öl über das Gemüse träufeln, mit Salz und Pfeffer abschmecken und das Gemüse auskühlen lassen.

8 Gemüse nochmals am Blech gut durchmengen und auf einer Platte oder in einer Schüssel anrichten.

9 *Sesam-Hummus:* Hummusaufstrich mit Sesamöl und Sesamsamen vermengen und etwas salzen und pfeffern; mit dem marinierten Sommergemüse servieren.

Orientalische, vegetarische Spezialität

SPAR Veggie Hummus ist ein rein pflanzlicher Kichererbsenaufstrich: Alle Zutaten aus biologischer Landwirtschaft. Auch als Hummus-Trio mit Koriander-Limette, Curry und Natur erhältlich.

Puten-Vitello mit geschmorten Zitronen

Zubereitungszeit: 30 Min
Zutaten für 4 Portionen

1 Bio-Zitrone
2 EL Olivenöl
2 EL Kristallzucker
Salz
Pfeffer aus der Mühle

Thunfischsauce:
250 g SPAR PREMIUM Thunfischfilets Albacore, MSC
⅛ l Gemüsesuppe
2 EL Crème fraîche
2 EL Mayonnaise
Salz
Pfeffer aus der Mühle

350 g geräucherte Putenbrust, dünn aufgeschnitten
Kapernbeeren zum Garnieren

Restl-Tipp: *Die Thunfischcreme passt auch wunderbar zu hauchfein geschnittenen Kohlrabischeiben. Das Kohlrabi-Tonnato mit Paprika und Kapern garnieren.*

1 Zitrone in dünne Scheiben schneiden, Olivenöl in einer Pfanne erhitzen, Zucker zugeben, Zitronenscheiben einlegen und bei mittlerer Hitze 6–8 Minuten im Öl schmoren; von der Hitze nehmen und auskühlen lassen.

2 *Thunfischsauce:* Thunfisch gut abtropfen lassen, mit der Gemüsesuppe in ein hohes Mixglas geben und fein pürieren; Crème fraîche und Mayonnaise zugeben, gut verrühren und mit Salz und Pfeffer abschmecken.

3 Putenbrust dachziegelartig auf einer Platte oder flachen Tellern auflegen, Sauce darüber verteilen, Zitronen samt Schmorsud darauf legen und mit Kapernbeeren garnieren.

Mit Leine und Angel gefangen

Der äußerst schmackhafte **SPAR PREMIUM Albacore Thunfisch in Olivenöl** wird traditionell mit Angel und Leine gefangen, damit kein ungewollter Beifang anfällt. Diese Fangmethode wurde mit dem Label des Marine Stewardship Council (**MSC**) ausgezeichnet. Die Bestände gelten als stabil dank des strengen Fischerei-Managements.

Griechisches Gemüsebrot

Feta schmeckt zu Brot, Oliven und Tomaten, er würzt augenfällig Salate, füllt Blätter- und andere Teigtaschen und wird auch knusprig paniert zur Köstlichkeit.

Zubereitungszeit: 40 Min
Zutaten für 2 Portionen

1 Melanzani (ca. 350 g)
Salz
1 Zucchini (ca. 250 g)
1 Zwiebel
2 EL Olivenöl
2 Tomaten
5 Kapern, gehackt
8 schwarze Oliven, entkernt
Oregano, getrocknet
Pfeffer aus der Mühle
*100 g SPAR Natur*pur Bio-Feta*

Backtrennpapier

1. Backrohr auf 150 °C (Ober- und Unterhitze) vorheizen.
2. Melanzani waschen und der Länge nach in etwa 1 cm dicke Scheiben schneiden. Auf ein mit Backtrennpapier ausgelegtes Backblech legen, salzen und auf mittlerer Schiene etwa 30 Minuten braten. Hinweis: Melanzanischeiben einmal wenden.
3. Zucchini waschen, putzen und kleinwürfelig schneiden. Zwiebel schälen und grob hacken.
4. Öl in einer Pfanne erhitzen, Zwiebeln und Zucchini darin kurz anbraten.
5. Tomaten waschen, großwürfelig schneiden, zur Zucchiniröstung geben und alles etwa 5 Minuten dünsten; von der Hitze nehmen, gehackte Kapern und Oliven untermengen, mit Oregano, Salz und Pfeffer abschmecken.
6. Feta großwürfelig schneiden und untermengen.
7. Gemüse-Käse-Ragout auf den Melanzanischeiben verteilen und im vorgeheizten Rohr bei 180 °C nochmals 6–8 Minuten überbacken.

***Tipp**: Die Griechischen Gemüsebrote schmecken lauwarm am besten und passen als vegetarisches Gericht zu gegrilltem Fleisch oder als eigenständiges Gericht mit etwas Jogurt und Fladenbrot.*

Griechischer Gaumengenuss

SPAR Natur*pur Bio-Feta aus biologischer Landwirtschaft wird in Griechenland nach traditionellem Verfahren aus gehaltvoller Bio-Schafs- und Ziegenmilch gekäst und in Salzlake gereift.

Einfach, erfrischend, fruchtig-würzig

Knackiger Sommersalat mit Melone

Zubereitungszeit: 15 Min
Zutaten für 4 Portionen

500 g Wassermelone
1 große Salatgurke (etwa 400 g)
1 Fenchelknolle mit Grün (etwa 300 g)

Marinade:
Saft von 1 Limette
1 TL Ingwer, fein gerieben
5 EL Olivenöl
Salz
Pfeffer aus der Mühle
½ kleine getrocknete Chilischote, fein zerrieben

2 Rollen Ziegenfrischkäse in der Salzlake
Olivenöl zum Beträufeln
Salz
Pfeffer aus der Mühle

Haltbar-Tipp: *Ganze Wassermelonen halten bis zu drei Wochen im Kühlschrank. Aufgeschnitten halten sie etwa drei Tage, die Schnittflächen mit Klarsicht-Folie schützen.*

1 Fruchtfleisch der Wassermelone in etwa 2 cm große Würfel schneiden.

2 Gurke eventuell schälen und mit dem Sparschäler lange Streifen abziehen.

3 Fenchel putzen – Fenchelgrün zur Weiterverarbeitung beiseite legen –, halbieren, in dünne Streifen schneiden und mit den übrigen Salatzutaten vermengen.

4 *Marinade:* Limettensaft mit Ingwer und Olivenöl gut vermengen und mit Salz und Pfeffer kräftig abschmecken.

5 Marinade mit dem Salat gut vermengen und auf Tellern oder in Schüsseln verteilen.

6 Ziegenkäse gut abtropfen lassen und in etwa 1 cm dicke Scheiben schneiden, auf dem Salat verteilen, mit Olivenöl beträufeln, salzen und pfeffern. Fenchelgrün grob hacken und darüber streuen.

Tipp: *Der Salat schmeckt am besten, wenn die Zutaten gut gekühlt verarbeitet werden und der Salat anschließend sofort serviert wird.*

Genuss zum Durchatmen

Feinwürziger **SPAR Natur*pur Bio-Gemüse-Fenchel** mit süßem Anisgeschmack aus biologischer Landwirtschaft. Roh und fein geschnitten ist er eine Salatbereicherung, er schmeckt als Brotbelag, harmoniert mit Orangen, Schafkäse und Nüssen. Gedünstet schmeckt er zu Fleisch und Fisch.

Vegetarisch, leicht, würzig

Geschmorter Stangensellerie mit Bregenzerwälder Bergkäse

Zubereitungszeit: 1 Stunde
Zutaten für 4 Portionen

1 Staude Stangensellerie
5–6 EL Olivenöl
2 Knoblauchzehen
2 Lorbeerblätter
1 TL Zucker
⅛ l Weißwein
⅛ l Gemüsesuppe
3 EL kleine, milde Oliven
200 g Kirschtomaten
120 g SPAR PREMUIM Bregenzerwälder Bergkäse
Pfeffer aus der Mühle

***Lager-Tipp**: Den fein-würzigen Stangensellerie in ein Tuch wickeln und im Gemüsefach im Kühlschrank lagern. Auch mal paniert probieren, mit Semmelbröseln-Parmesan-Gemisch.*

1. Von der Selleriestaude den Strunk entfernen, Blätter entfernen und bis zur Weiterverarbeitung beiseite geben, Stangen gründlich waschen, trocken tupfen und der Länge nach halbieren.
2. Backrohr auf 160 °C (Ober- und Unterhitze) vorheizen.
3. Öl in einer Pfanne erhitzen, Selleriestangen in mehreren Etappen beidseitig anbraten und in eine Auflaufform geben.
4. Knoblauch in Blättchen schneiden, unter Zugabe von Öl in der Pfanne leicht anrösten, mit Wein ablöschen, mit Suppe aufgießen, Lorbeerblätter und Oliven zugeben, einmal aufkochen lassen, über dem Stangensellerie verteilen und im Rohr zugedeckt etwa 45 Minuten schmoren.
5. Tomaten zugeben und alles nochmals offen etwa 10–12 Minuten weiterschmoren.
6. Stangensellerie samt Schmorfond in tiefen Tellern anrichten, Bergkäse darüber raffeln und fein gehacktes Selleriegrün darüber streuen; pfeffern.

Vorzüglich würziges Aroma aus Vorarlberg

Für den **SPAR PREMIUM Bregenzerwälder Bergkäse** wird nach 100-jähriger Tradition nur almfrische Heumilch ohne Zusatzstoffe verarbeitet. Nachdem der Bergkäse 20 Stunden in der Käsepresse verbracht hat, kommt er für 70 Stunden in ein Salzbad und wird schließlich zur Reifung mindestens 9 Monate im Käsekeller gepflegt.

Knusprig, zart, würzig

Frittierte Fleischbällchen mit Rahm-Gurken

Lager-Tipp: *Gurken sind empfindlich gegen das natürliche Reifegas Ethylen, daher nie zusammen mit Äpfeln, Birnen, Bananen, Tomaten oder Paprika lagern. Sie sind kälteempfindlich und wollen es immer über 0 °C haben. Länger frisch und knackig bleiben Gurken bei etwa 12 °C.*

Zubereitungszeit: 40 Min
Zutaten für 4 Portionen

Rahm-Gurken:
2 große Gurken (à ca. 350 g)
1 TL Salz
1 Becher Sauerrahm (250 g)
1 Knoblauchzehe
2 EL Sonnenblumenöl
Pfeffer aus der Mühle

Fleischbällchen:
1 Knoblauchzehe, fein gehackt
1 Schweinslungenbraten (ca. 300 g)
3 EL Olivenöl
1 EL Zitronensaft

10 Scheiben Spinata-Salami (ca. 80 g)
80 g Parmesan oder Pecorino, grob geraffelt

120 g Mehl
2 Eier
160 g Semmelbrösel

Öl zum Frittieren
Küchenkrepp zum Abtropfen

1. *Rahm-Gurken:* Gurken schälen, grob raffeln, mit Salz vermengen und ca. 15 Minuten „durchziehen" lassen.
2. Gurken mit den Händen fest ausdrücken, sodass fast die ganze Flüssigkeit aus den Gurken herausgepresst wird.
3. Knoblauch schälen und fein hacken.
4. Gurken mit dem Knoblauch, Sauerrahm und Öl vermengen, mit wenig Salz und Pfeffer abschmecken und bis zum Servieren kalt stellen.
5. *Fleischbällchen:* Knoblauch schälen und fein hacken.
6. Lungenbraten der Länge nach mit einem scharfen Messer in 6–8 dünne Streifen schneiden, in einen tiefen Teller legen, mit Zitronensaft, Öl und Knoblauch gut vermengen und etwa 20 Minuten „durchziehen" lassen.
7. Anschließend jeden Fleischstreifen mit einer Salamischeibe belegen, mit dem grob geraffelten Käse bestreuen und von der Schmalseite her eng zusammenrollen. Jede Fleischroulade der Breite nach halbieren, sodass jeweils zwei kleine Rouladen entstehen.
8. Die Fleischrouladen in Mehl, verquirltem Ei sowie den Bröseln panieren und in heißem Fett 2–3 Minuten knusprig ausbacken; auf Küchenkrepp legen und abtropfen lassen. Mit den Rahm-Gurken servieren.

Sauer macht lustig

Sauerrahm ist Obers, der mit Milchsäurebakterien versetzt wurde, wodurch er neben einem leicht säuerlichen Geschmack eine festere, cremige Konsistenz annimmt. Der **SPAR free from Sauerrahm**, produziert in Kärnten, ist zudem milchzuckerfrei.

Eierschwammerl-Schmarren

Zubereitungszeit: 30 Min
Zutaten für 4 Portionen (Vorspeise), 2 Portionen (Hauptspeise)

300 g Eierschwammerl
3 EL Olivenöl
1 kleine Zwiebel
2 Knoblauchzehen
60 g Hamburgerspeck
20 g Butter
1 TL Thymianblättchen, abgerebelt

200 g Sauerrahm
5 Dotter
3 EL Mehl (glatt)
50 g Butter
Salz
Pfeffer aus der Mühle
Schale von ½ Bio-Zitrone, abgerieben
5 Eiklar
1 EL Butter

Restl-Tipp: *Pilze darf man nicht aufwärmen? Seit der Erfindung des Kühlschranks ist diese Regel hinfällig. Reste schnell abkühlen, maximal 24 Stunden aufbewahren. Beim Erwärmen mindestens auf 70 °C erhitzen (keimfrei machen).*

1. Eierschwammerl putzen und grob schneiden.
2. Zwiebel sowie Knoblauch schälen und fein hacken.
3. Speck kleinwürfelig schneiden
4. Öl in einer großen, beschichteten Pfanne erhitzen, Zwiebel und Knoblauch darin kurz anrösten, Speck und Schwammerl zugeben und alles 1–2 Minuten anbraten; von der Hitze nehmen, Butter und Thymian zugeben und mit Salz und Pfeffer würzen.
5. Sauerrahm mit Dotter und Mehl in einer Schüssel glatt rühren.
6. Butter schmelzen und unter den Teig rühren; mit Salz und Pfeffer würzen.
7. Backrohr auf 170 °C (Ober- und Unterhitze) vorheizen.
8. Eiklar zu steifem Schnee schlagen und locker unter die Rahmmasse heben.
9. Schmarrenmasse über den Schwammerln verteilen, wieder auf die Hitze stellen und 2–3 Minuten anbacken.
10. Schmarren im Rohr etwa 20 Minuten backen.
11. Pfanne aus dem Rohr nehmen, mit einem Esslöffel Nocken vom Schmarren abstechen und in tiefen Tellern anrichten.

Dazu passend: Marinierte Blattsalate oder Tomatensalat.

Das pflegeleichte „Immerkraut“

Thymiane sind immergrün und wie kaum eine andere duftende Würzpflanze ideal für Pflanzgefäße, Balkonkästen, Ampeln oder Tröge geeignet – auch für kleinere Töpfe. Volle Sonne, ein heißer sandiger Boden und eher sparsam pflegen. So mag es der **SPAR Natur*pur Bio-Thymian**.

Geschmortes Sardisches Bio-Freilandhuhn mit Bio-Mandeln

Zubereitungszeit: 50 Min
Zutaten für 4 Portionen

1 großes Bio-Freilandhuhn (ca. 1,5 kg)
5 EL Olivenöl
4 Knoblauchzehen
Salz
Pfeffer aus der Mühle
¼ l Rotwein (trocken)
10 g Kapern
5 gut reife Tomaten (ca. 600 g)
3 Rosmarinzweige
3–4 Zweige Thymian
3 Lorbeerblätter
100 g grüne Oliven
50 g geschälte Bio-Mandelkerne
Olivenöl zum Beträufeln

Bio-Nüsse unterscheiden sich von konventionellen Nüssen – neben dem ökologischen Anbau – vor allem in der Lagerung. Bio-Nuss bedeutet Verzicht auf chemischen Lagerschutz.

1. Backrohr auf 190 °C (Ober- und Unterhitze) vorheizen.
2. Huhn in 8 Stücke teilen.
3. Hühnerteile mit Salz und Pfeffer würzen, Olivenöl in einem Bräter erhitzen und Fleischteile darin auf allen Seiten anbraten. Leber und Knoblauch zufügen und im Rohr offen etwa 10 Minuten braten.
4. Mit Rotwein ablöschen, Kapern und 3 Esslöffel der Kapernmarinade zufügen. Salzen und kräftig pfeffern.
5. Paradeiser waschen, vierteln, Stielansatz entfernen und Rosmarin, Thymian, Lorbeerblätter, Oliven und Mandelkerne zufügen.
6. Alles zusammen zugedeckt bei gleicher Temperatur etwa 25 Minuten schmoren, aus dem Rohr nehmen und Kräuterzweige sowie Lorbeerblätter entfernen.
7. Hühnerstücke mit dem Saft anrichten und eventuell mit etwas Olivenöl beträufeln.

   Dazu passend: Parmesanbrot: Fladenbrot in 2 cm breite Streifen schneiden, mit frisch geriebenen Parmesan bestreuen, mit Olivenöl beträufeln und im Rohr bei 200 °C kurz überbacken.

Geflügeltes Gaumenglück

Woran erkennt man Bio-Hühnerfleisch in höchster Qualität? Durch artgerechte Tierhaltung und garantiert gentechnikfreies und kontrolliert biologisches Futter ist **SPAR Natur*pur Bio-Hühnerfleisch** in der Regel nicht nur etwas dunkler, es schmeckt auch zarter und saftiger.

Pasta à la Limone

Qualitäts-Tipp: *Oberstes Gebot bei schnellen schlichten Speisen ist, dass die Zutaten von allerbester Qualität sind.*

1 Pasta in reichlich Salzwasser bissfest kochen, abseihen, ca. ⅛ l Kochwasser auffangen.

2 *Sauce:* Sauerrahm mit Crème fraîche und dem Kochwasser in einen Topf geben, gut verrühren, bei geringer Hitze erwärmen, von der Hitze nehmen, Olivenöl, Zitronensaft und Zitronenschale zugeben und mit Salz und Pfeffer abschmecken.

3 Sauce mit der warmen Pasta vermengen, anrichten und Parmesan darüber streuen.

Tipp: *Die Pasta schmeckt an heißen Tagen auch kalt sehr gut.*

Zubereitungszeit: 20 Min
Zutaten für 4 Portionen

500 g SPAR PREMIUM Spaghetti oder dünne Eiernudeln
Salz

Sauce:
150 g Sauerrahm
120 g Crème fraîche
Schale von 1 Bio-Zitrone, abgerieben
Saft von 1 Zitrone
3 EL Olivenöl
Salz
Pfeffer aus der Mühle
60 g Parmesan

Handgemacht

Wallner's Nudelei, ein zehnköpfiger Familienbetrieb in Moosdorf (OÖ) produziert für **SPAR PREMIUM hochwertige Eierteigwaren**. Aus Durum-Hartweizengries und frischen Freilandeiern wird der Teig geknetet und danach zwischen 48 und 55 Stunden langsam luftgetrocknet.

Halloumi-Lorbeer-Spieße mit Minz-Gurken-Dip

Zubereitungszeit: 30 Min
Zutaten für 4 Portionen

Minz-Gurken-Dip:
2 kleine Gurken
3 EL Olivenöl
250 g Jogurt
20 g Minzblättchen
*Schale von ½ grünen SPAR Natur*pur Bio-Sommer-Zitrone, fein abgerieben*
Salz
Pfeffer aus der Mühle

2 Packungen Halloumi-Käse
1 Packung Lorbeerblätter, getrocknet
Pfeffer

Marinade:
4 EL Olivenöl
1 TL SPAR PREMIUM Bio-Chili-Paste, Edition Stekovics

Holzspieße

***Einkaufs-Tipp**: Das Besondere am Halloumi, dem zypriotischen Nationalkäse, ist, dass er nicht schmilzt. Er kann gebraten, gegrillt und gekocht werden und ist bis zu einem Jahr haltbar.*

1 *Minz-Gurken-Dip:* Gurken schälen, halbieren, Kerne entfernen und sehr fein raspeln. Mit Öl und Jogurt vermengen, Minze sehr fein schneiden, zugeben und mit Zitronenschale, Salz und Pfeffer abschmecken.

2 Käse in etwa 2 cm große Stücke schneiden und abwechselnd mit den Lorbeerblättern auf Spieße stecken; entweder auf dem Grill oder in der Grillpfanne auf jeder Seite 3 Minuten grillen.

3 *Marinade:* Olivenöl mit Chili-Paste verrühren.

4 Spieße etwas pfeffern, mit der Marinade beträufeln und mit dem Dip servieren.

Sommerzitronen sind grün

Im Winter sorgen kühle Nächte für die gelbe Farbe. Im Sommer werden herkömmliche Zitronen mit Ethylen behandelt, das den Reifeprozess auslöst. Die grüne Farbe der sizilianischen **SPAR Natur*pur Bio-Sommer-Zitronen** „Femminello di Siracusa" bedeutet, dass sie zu 100 % „bio" und trotzdem reif sind.

© Arnd Ötting, Fairtrade Österreich

In Sachen Fairtrade gilt SPAR seit den 1990er Jahren im österreichischen Lebensmittelhandel als Vorreiter. Fairtrade-Produkte bedeuten für Genießer und Produzenten in Entwicklungsländern: faire Preise, gute Arbeit, sichere Existenz, sicherer Genuss und ein gutes Gewissen. Besonders beliebt sind Fairtrade Bananen, Kaffee, Kakao, Schokolade, Reis und Rosen.

Den Tisch mit fairen Rosen schmücken

Mit Fairtrade ist es einfach, sich und andere glücklich und die Welt ein bisschen besser zu machen. Was für uns nicht viel ist, ist viel für Menschen, die kaum etwas haben. Fairtrade Rosen sind ein zweifaches Zeichen der Zuneigung: für den, der sie bekommt und für den, von dem sie kommen.

© Cesar Correa, Fairtrade Österreich

Bio-Espresso Panna Cotta mit Bio-Himbeeren

Zubereitungszeit: 30 Min (ohne Kühlzeit)
Zutaten für 4 Portionen

4 Blatt Gelatine
1 Vanilleschote
Prise Salz
400 ml Schlagobers
100 g Zartbitterschokolade
*1 gestrichener EL SPAR Natur*pur Bio-Instant-Kaffeepulver*
2 EL Kristallzucker
*400 g SPAR Natur*pur Bio-Himbeeren, verlesen*
2 Packungen Vanillezucker
Saft von ½ Zitrone
Weiße Schokospäne zum Garnieren

Haltbar-Tipp: *Himbeeren werden bei uns von Ende Juni bis September geerntet. Möglichst frisch genießen oder einfrieren. Im Kühlschrank halten sie maximal bis zu 2 Tage.*

1 Gelatine in kaltem Wasser einweichen.

2 Vanilleschote der Länge nach aufschneiden und etwas auseinander drücken.

3 Schokolade grob hacken.

4 Schlagobers mit einer Prise Salz und der Vanilleschote in einen kleinen Topf geben und bei geringer Hitze langsam aufkochen lassen; Schokolade und Kaffeepulver sowie Zucker zugeben, so lange rühren bis sich die Schokolade vollständig aufgelöst hat, von der Hitze nehmen und die Vanilleschote entfernen.

5 Gelatine gut ausdrücken und in der heißen Schokomasse auflösen. Masse etwas überkühlen lassen, nochmals gut durchrühren und in 4 Förmchen oder Gläser füllen; mindestens 5–6 Stunden kalt stellen.

6 Himbeeren mit Vanillezucker und Zitronensaft vermengen, die Hälfte der Beeren durch ein Sieb streichen und mit den restlichen marinierten Beeren vermengen.

7 Förmchen kurz in heißes Wasser tauchen, auf Teller stürzen und mit den Himbeeren dekorativ anrichten oder die Himbeeren über der Creme in den Gläsern verteilen. Mit weißen Schokospänen garnieren.

Edle Bohnen, fair gehandelt

SPAR Natur*pur Bio-Instant-Kaffee Fairtrade enthält 100 % hochwertige Arabica-Bohnen aus kontrolliert biologischem Anbau. Schonend gefriergetrocknet, hervorragend im Geschmack.

Bröseltopfencreme mit Bio-Marillen und Vanillehonig

Zubereitungszeit: 40 Min
Zutaten für 4 Portionen

300 g vollreife SPAR Natur*pur Bio-Marillen
1 TL Bio-Zitronensaft
2 Packungen Vanillezucker
3 EL Felser Marillenlikör

Vanillehonig:
1 Vanilleschote
1/16 l Wasser
3 EL Honig
1 TL Bio-Zitronensaft

Bröseltopfencreme:
250 g Bröseltopfen
120 g Crème fraîche
Prise Salz
2 Packungen Vanillezucker
Schale von ¼ Bio-Zitrone, dünn abgerieben

Herkunfts-Tipp: *Felser Marillenlikör kommt aus der Sonnleiten Kellerei in Niederösterreich, eine regionaltypische Spezialität aus dem Donauland.*

1. Marillen kleinwürfelig schneiden, mit Zitronensaft, Vanillezucker und Marillenlikör vermengen.
2. *Vanillehonig:* Vanilleschote der Länge nach aufschneiden, mit Wasser in einen kleinen Topf geben und einmal aufkochen lassen, 2–3 Minuten bei geringer Hitze köcheln lassen, von der Hitze nehmen, Honig und Zitronensaft zugeben und ca. 30 Minuten „ziehen" lassen.
3. *Bröseltopfencreme:* Topfen mit Crème fraîche, Prise Salz, Vanillezucker und Zitronenschale verrühren.
4. Marillenmasse in tiefen Tellern verteilen, mit einem großen Esslöffel jeweils eine Creme-Nocke darauf setzen und alles mit Vanillehonig beträufeln.

Die schnelle Alternative

Für den **SPAR PREMIUM Marillenröster** werden nur erstklassige Früchte aus der Donauregion verwendet. Verfeinert mit echter Bourbon-Vanille ist dieser Röster ein kulinarisches Highlight aus der österreichischen Küche. Top zu Topfenknödeln!

Vitales Beerentürmchen

Der Unterschied zwischen Mascarpone und Mascarino? Mascarpone kommt aus Italien, Mascarino ist der Name für das österreichische Produkt.

Zubereitungszeit: 15 Min, Kühlzeit ca. 30 Min
Zutaten für 4 Portionen

3 EL Heidelbeermarmelade
4 EL Cointreau oder Rum
120 g Heidelbeeren, verlesen
120 g Brombeeren, verlesen

250 g Mascarino
2 Packungen Vanillezucker
5 EL Schlagobers
Prise Salz

8 flache Kekse (z. B. Chocolate Chip Cookies)
4 EL Milch zum Bestreichen
Staubzucker

1 Marmelade mit Rum in einem kleinen Topf erwärmen bis die Marmelade wieder flüssig ist, Beeren untermengen, Topf von der Hitze nehmen und auskühlen lassen.

2 Mascarino mit Vanillezucker, Schlagobers und Salz mit dem Handrührgerät cremig aufschlagen.

3 Kekse mit Milch bestreichen.

4 4 Kekse jeweils mit einem gehäuften Esslöffel Mascarinocreme bestreichen, Beerenmischung darauf verteilen, mit jeweils einem Keks belegen, 30 Minuten im Eiskasten „durchziehen" lassen, etwas bezuckern und bis zum Servieren kalt stellen. Etwaig übrige Creme oder Beeren dazu servieren.

***Tipp für Erwachsene**: Cookies mit etwas verdünntem Rum oder Cointreau beträufeln.*

Die Beeren sind los!

SPAR Vital Zarte Beeren kommen ausschließlich von österreichischen Bauern und sind ab Sommer täglich erntefrisch erhältlich. Der Weg vom Strauch in die Märkte dauert nicht länger als 24 Stunden.

Einfach, schnell, fruchtig

Gebratene Weingarten-Pfirsiche mit Thymianzucker und Griechischem Jogurt

Zubereitungszeit: 15 Min
Zutaten für 4 Portionen

3 EL Thymianblättchen
Schale von 1 Limette, dünn abgerieben
2 EL Kristallzucker

4 große, reife Weingarten- oder Bio-Pfirsiche (oder Nektarinen)

20 g Butter
20 g Kristallzucker
Saft von 2 Orangen

400 g Griechischer Jogurt
Brauner Zucker zum Bestreuen

Griechischer Jogurt ist cremig-kompakt, schmeckt auch mit Walnüssen und Honig, passt zu warmen Feigen oder Keksstücken (Amarettini), veredelt Erdbeer-Desserts.

1. Thymianblättchen mit Limettenschale und Zucker in der Küchenmaschine fein reiben.
2. Pfirsiche (oder Nektarinen) halbieren, Steine entfernen und in Spalten schneiden.
3. Butter und Zucker in einer Pfanne langsam schmelzen, Orangensaft zugeben, einmal aufschäumen lassen, Pfirsich- oder Nektarinenspalten zugeben und 3–4 Minuten darin braten; von der Hitze nehmen, die Hälfte des Thymian-Limettenzuckers zugeben, gut vermengen und auskühlen lassen.
4. Pfirsiche auf vier Gläser oder Schalen verteilen, gut gekühlten Jogurt glatt rühren, über den Pfirsichen oder Nektarinen verteilen, mit Zucker bestreuen und restlichem Thymian-Limettenzucker bestreuen.

Traditionelle Weingartenfrucht

Die **SPAR wie früher Steirischen Weingartenpfirsiche** werden von Hand gepflückt. Sie besitzen eine feinere Schale, sind bissfest, kräftig rot und auffallend süß-aromatisch im Geschmack.

Stachelbeer-Brombeer-Clafoutis

Clafoutis ist ein Mittelding zwischen Auflauf und Kuchen, in der Quicheform gebacken. Schmeckt auch mit allen anderen Früchten, z. B. Kirschen.

Zubereitungszeit: 50 Min
Zutaten für 4 Portionen

300 g SPAR Vital Stachelbeeren, verlesen
150 g Brombeeren, verlesen
3 EL Staubzucker
3 EL Rum oder Orangensaft

4 Eier
4 EL Staubzucker
250 g Topfen (40 %)
2 EL Vanillepuddingpulver
3 EL Butter

Staubzucker zum Bestreuen

1. Backrohr auf 160 °C (Ober- und Unterhitze) vorheizen.
2. Beeren mit Zucker, Rum oder Orangensaft in einer Schüssel vermengen.
3. Eier trennen. Dotter mit Zucker schaumig rühren, Topfen und Puddingpulver unterrühren, Eiklar zu festem Eischnee aufschlagen und unter die Topfenmasse mengen.
4. Eine Auflaufform (ca. 20 cm Länge) oder in 4 kleine Formen oder Einmachgläser (¼ Liter) mit Butter ausstreichen, Topfenmasse einfüllen, marinierte Beeren darüber verteilen und Clafoutis ca. 30–35 Minuten backen.
5. Aus dem Rohr nehmen, leicht bezuckern und am besten lauwarm servieren.

Heimischer Wohlfühl-Genuss

Nach Tafeltrauben weisen **SPAR Vital Stachelbeeren** den höchsten Fruchtzuckergehalt aller einheimischen Beeren auf. Ihr säuerlicher Geschmack beruht auf dem hohen Gehalt an Weinsäure, Apfelsäure und Zitronensäure, die verdauungsfördernd wirken können.

Marille mit Nelke und Amaretto

Zubereitungszeit: 30 Min (ohne Marinierzeit)
Zutaten für ca. 8 Gläser (⅛ l Inhalt)

1,5 kg vollreife Marillen
1 Packung Gelierzucker 3:1
Saft von 2 Zitronen
3 Gewürznelken
6 cl Amaretto (Mandellikör)

***Haltbar-Tipps**: Die umweltfreundlichste Art, die Früchte des Sommers für den Winter haltbar zu machen, ist das Einkochen in Gläsern, vor allem, wenn die Produkte der Saison entsprechen, aus der Region stammen und biologisch angebaut bzw. fair gehandelt sind.*

1 Marillen waschen, trocken tupfen, entkernen und grob schneiden; mit Gelierzucker und Zitronensaft vermengen und zugedeckt an einem kühlen Ort 6–8 Stunden (oder über Nacht) „durchziehen" lassen.

2 Masse mit den Nelken in einen Kochtopf geben, langsam aufkochen lassen, ca. 4–5 Minuten kochen lassen, Schaum abschöpfen, von der Hitze nehmen, Nelken entfernen, Amaretto zugeben und noch heiß in gut verschließbare Gläser füllen.

Im Aroma-Glasröhrchen

SPAR Natur*pur Bio-Bourbon-Vanilleschoten aus Madagaskar haben ein intensives, balsamisch weiches Aroma mit sahnig-fruchtigen Karamellnuancen. Sie kommen aus kontrolliert biologischem Anbau. Jeweils 2 Stück werden im hochwertigen Glasröhrchen geschützt.

Erdbeer mit Orange und Vanille

1,5 kg reife, süße Erdbeeren
1 Packung Gelierzucker 3:1
Saft von 2 Orangen
Saft von 1 Zitrone
*2 SPAR Natur*pur Bio-Vanilleschoten*

1 Erdbeeren waschen, trocknen lassen und grob schneiden; mit Gelierzucker, Orangen- und Zitronensaft vermengen, Vanilleschote der Länge nach halbieren, zugeben und zugedeckt an einem kühlen Ort 4–5 Stunden (oder über Nacht) kalt stellen.

2 Masse in einen Topf geben, langsam aufkochen lassen, ca. 4–5 Minuten kochen lassen, von der Hitze nehmen, Vanilleschote entfernen und noch heiß in gut verschließbare Gläser füllen.

Die beiden Marmeladen sind kühl und trocken gelagert ca. 2–3 Monate haltbar.

SPAR
Natur pur
Lungauer
Bio-Eachtlinge
Bio-Püre
kartoffe
aus biologischer Landwirt
gewaschen
Der Korb
ist voll.
Danke!

Die Natur feiert ihre Reife. Sie schüttet uns die letzten Früchte aus. Der Herbst hat seine speziellen Gerüche. Er duftet nach Äpfel und Nüssen, nach Eintöpfen und Kohl mit wärmenden Gewürzen, nach Pilzen und wilden Preiselbeeren, nach erdigen Rüben, Wurzeln und Knollen. Irgendwie auch wohlig, nach Einkehr und Bettwärme, vor allem, wenn heimeliger Bratenduft die Geschmacksnerven tanzen lässt.

Bio-Kartoffel Wedges
mit zweierlei Dips

Zubereitungszeit: 1 Stunde
Zutaten für 4 Portionen

6 große Kartoffeln, fest kochend, ca. 1,20 kg,
4 Zweige Rosmarin
4 Knoblauchzehen
4–5 EL Olivenöl
Fleur de Sel Meersalz

Erdnuss-Jogurt-Dip:
80 g gesalzene Erdnüsse
¼ l Jogurt
2 EL Mayonnaise
2 EL Sojasauce
2 EL Sesamöl
Tabascosauce
Salz
Pfeffer aus der Mühle

Knoblauch-Dip:
150 g Crème fraîche
3 EL Sauerrahm
2 EL Olivenöl
4 Knoblauchzehen
1 Bund Schnittlauch
Salz
Pfeffer aus der Mühle

Es ist so einfach! Die fettarme Pommes frites-Alternative ist bei Groß und Klein beliebt, schmeckt selbst gemacht am besten, mit guten Dips und Chutneys sogar als Hauptspeise.

1 Backrohr auf 200 °C (Ober- und Unterhitze) vorheizen.

2 Kartoffeln waschen, trocken tupfen, samt Schale der Länge nach in grobe Stücke schneiden.

3 Nadeln vom Rosmarin herunterziehen, mit dem Salz sowie dem Öl zu den Kartoffeln geben, gut durchmengen und auf ein Backblech geben.

4 Knoblauchzehen samt Schale etwas andrücken, zugeben und alles etwa 40 Minuten braten; Kartoffeln des Öfteren wenden.

5 *Erdnuss-Dip:* Erdnüsse im Mixaufsatz zerkleinern, mit Jogurt, Mayonnaise, Sojasauce und Sesamöl vermengen und mit Tabascosauce, Salz und Pfeffer abschmecken.

6 *Knoblauch-Dip:* Crème fraîche, Sauerrahm und Olivenöl glatt rühren, Knoblauch schälen und zerdrücken, zufügen, Schnittlauch in feine Röllchen schneiden, untermengen und die Sauce mit Salz und Pfeffer abschmecken.

7 Kartoffel Wedges mit beiden Dips servieren.

Handgeschöpftes Meersalz

Eine besondere Spezialität von **SPAR PREMIUM** ist das **Fleur de Sel Meersalz** aus der Camargue. Der Geschmack des feinen Salzes schmeckt sehr würzig und aromatisch. Es wird nach Jahrhunderte alter Tradition in den Meerwassersalinen während der Sommermonate geschöpft. Ein perfektes „Finish" für die selbstgemachten Wedges.

Vegetarisch, gelingsicher, ausgewogen

Bio-Muskatkürbis-Kartoffelrösti mit Ziegenfrischkäse

Zubereitungszeit: 50 Min
Zutaten für 4 Portionen

500 g Kartoffeln, mehlig
*500 g SPAR Natur*pur Bio-Mini-Muskatkürbis*
3 Dotter
2 Knoblauchzehen
4 EL Petersilie, gehackt
Muskatnuss, frisch gerieben
Salz
Pfeffer aus der Mühle

Olivenöl zum Ausbacken

Marinade:
4 EL Olivenöl
2 EL heller Balsamico
1 TL Honig
Salz
Pfeffer aus der Mühle

200 g dunkle Blattsalate, geputzt

1 Rolle Ziegenfrischkäse

Backtrennpapier
Küchenkrepp

Haltbar-Tipp: *Trocken und bei 15–20 °C gelagert, versorgen uns Kürbisse bis ins Frühjahr hinein mit Vitaminen und Nährstoffen. Muskat- und Butternuss-Kürbis halten besonders lange.*

1 Kartoffeln in Salzwasser weich kochen, abseihen, schälen, abkühlen lassen.

2 Backrohr auf 190 °C (Ober- und Unterhitze) vorheizen.

3 Kürbis in Würfel schneiden, auf ein mit Backtrennpapier ausgelegtes Blech legen und ca. 20–25 Minuten braten, bis der Kürbis weich ist; dann mit einer Gabel zerdrücken.

4 Kartoffeln grob reiben, mit dem Kürbisfleisch und Dottern vermengen.

5 Knoblauch schälen und fein hacken.

6 Knoblauch und Petersilie zur Kürbismasse geben und mit Muskat, Salz und Pfeffer abschmecken.

7 Öl in einer beschichteten Pfanne erhitzen.

8 Aus der Masse mit einem Esslöffel Portionen ausstechen, in die Pfanne geben, etwas flach drücken und beidseitig knusprig ausbacken; auf Küchenkrepp abtropfen lassen.

9 *Marinade:* Öl, Essig und Honig verrühren und mit Salz und Pfeffer würzen.

10 Salate mit der Marinade gut vermengen, Ziegenkäse in 1 cm dicke Scheiben schneiden und beides mit den Rösti anrichten.

Aus der Heimat

Das nussig-zarte, tieforange Fruchtfleisch von **SPAR Natur*pur Bio-Mini-Muskatkürbis** eignet sich besonders für Rohkost, Salate, Kompotte, Marmeladen, zum Braten und Backen.

SPAR unterstützt auch Schulbuffets

SPAR und SIPCAN, ein unabhängiger Verein für Gesundheitsförderung bei Kindern und Jugendlichen, bemühen sich um die Verbesserung der Pausenverpflegung an Wiener Schulen. Unter dem Motto „Gescheite Jause – coole Pause" wird Schulbuffet-Betreibern ein ernährungswissenschaftlich zusammengestelltes Sortiment an Lebensmitteln zum deutlich günstigeren Preis zur Verfügung gestellt.

Gesunde Kinderernährung liegt SPAR am Herzen

Um Kinder für bewusste Ernährung zu sensibilisieren, hat SPAR in den letzten Jahren eine Reihe von Maßnahmen initiiert. Der Protagonist „Jack the Snack" ist immer dabei.

Jausenbag zum Schulstart

In Zusammenarbeit mit der Kronen Zeitung verteilte SPAR zu Schulbeginn an alle Erstklässler gratis „Jack the Snack"-Jausenbags, mit wertvollen Snacks und einer Ernährungsfibel für die Eltern.

Neben dem Jausenbag gibt es auch coole kindgerechte Produkte von Jack the Snack, z. B. Jack's Kinderbirnen, Jack's Razz-Fazz Salat oder Jack's Fruchtmus.

Speck-Fladen mit Rosmarin

Zubereitungszeit: 90 Min
Zutaten für 8 Portionen

*380 g SPAR Natur*pur Bio-Weizenmehl (glatt)*
1 TL Salz
*30 g frische SPAR Natur*pur Bio-Germ*
6 EL Olivenöl
5 Knoblauchzehen
4 EL Rosmarin, fein gehackt
16 dünne Scheiben Schinkenspeck (ca. 120 g)
3 EL Rosmarinnadeln
Mehl zum Ausarbeiten

Backtrennpapier

Restl-Tipp: *Fladenbrot schmeckt am besten frisch gebacken, passt perfekt zu Käse und Wein. Lässt sich gut tiefkühlen. Gefroren bei 200 °C ca. 10 Minuten aufbacken.*

1 Mehl und Salz in eine Schüssel sieben, in die Mitte eine Mulde drücken.

2 Germ mit 3 EL lauwarmem Wasser glattrühren, in die Mehlmulde gießen, mit etwas Mehl bestreuen und zugedeckt bei Zimmertemperatur etwa 20 Minuten „gehen lassen".

3 Knoblauch schälen und fein hacken.

4 ¼ l lauwarmes Wasser, Olivenöl, Knoblauch und Rosmarin zugeben und alles mit dem Knethaken des Handrührgeräts zu einem glatten Teig verkneten; Teig zugedeckt an einem warmen Ort etwa 30 Minuten „gehen lassen".

5 Backrohr auf 200 °C (Ober- und Unterhitze) vorheizen.

6 Teig auf eine bemehlte Arbeitsfläche geben und mit den Händen nochmals gut durchkneten; Teig in 8 gleich große Stücke teilen.

7 Jedes Teigstück zu einem 5 mm dicken Fladen auswalken, auf ein mit Backtrennpapier ausgelegtes Backblech legen und mit einer Gabel mehrmals einstechen, mit jeweils 2 Scheiben Schinkenspeck belegen und mit Rosmarinnadeln bestreuen.

8 Fladen im vorgeheizten Rohr etwa 20 Minuten knusprig backen – während des Backens die Fladen zweimal mit Wasser beträufeln.

9 Fladen auf dem Küchengitter auskühlen lassen.

100 % Bio-Dynamisch

Geling-Sicher! Im Unterschied zur konventionellen Germherstellung werden Hefestämme in einer auf biologischer Basis hergestellten Nährlösung gezüchtet. Auch darum muss man **SPAR Natur*pur Bio-Hefe** nur einrühren, der Teig gelingt ganz ohne Dampfl.

Gestürzter Bio-Kartoffelkuchen „Bombay"

Zubereitungszeit: 40 Min
Zutaten für 4 Portionen

400 g Kartoffeln, fest kochend
200 g Süßkartoffeln
½ EL Kurkuma gemahlen (Gelbwurz)
Salz
Pfeffer aus der Mühle
3 Knoblauchzehen
1 Zwiebel
2 EL Sonnenblumenöl
½ TL Senfkörner
½ TL Koriandersamen
Sesamöl zum Braten

Jogurtsauce:
250 g Jogurt
3 EL Olivenöl
1 TL SPAR PREMIUM Bio-Chili Paste, scharf
½ TL Zucker
Salz
Pfeffer aus der Mühle

***Alternativen**: Die Süßkartoffel oder Topinambur kann auch durch normale Kartoffeln, Steckrüben, Pastinaken oder gelbe Karotten ersetzt werden.*

1 Kartoffeln und Süßkartoffeln schälen und grob raspeln, in eine Schüssel geben, Kurkuma untermengen und mit Salz und Pfeffer würzen.

2 Knoblauch und Zwiebel schälen, sehr fein schneiden.

3 Senfkörner und Kreuzkümmel in eine Pfanne geben und so lange rösten bis sie zu „springen" anfangen.

4 Öl zugeben, Knoblauch und Zwiebeln zufügen und alles 1–2 Minuten rösten; anschließend zu den Kartoffeln geben und gut durchmengen.

5 Sesamöl in einer Pfanne erhitzen, Kartoffelmasse einfüllen, flach drücken und bei mittlerer Hitze 6–8 Minuten braten. Kuchen auf ein Teller stürzen, mit der gebratenen Seite nach oben wieder in die Pfanne legen und weitere 6–8 Minuten fertig braten.

6 ***Jogurtsauce:*** Jogurt mit Olivenöl glatt rühren, Chili-Paste und Honig zugeben und mit Salz und Pfeffer abschmecken.

7 Kartoffelkuchen auf eine Platte stürzen, in Segmente teilen und mit Chili-Jogurt anrichten.

***Tipp**: Eventuell noch eine gut reife, in Spalten geschnittene Mango dazu servieren.*

Kartoffel-Suppe
mit Bio-Lauch und Nussbrotcroutons

Restl-Tipp: *Nussbrotreste einfrieren, zum Käse servieren, mit Marmeladen verspeisen oder als Croutons über Wintersalate streuen (Radicchio, Chicorée, Frisée ...)*

Zubereitungszeit: 40 Min
Zutaten für 4 Portionen

*2 große SPAR Natur*pur Bio-Lauchstangen (ca. 600 g)*
350 g Kartoffeln, mehlig
50 g Butter
*½ l Gemüse- oder Hühnersuppe (z. B. SPAR Natur*pur Bio-Gemüse-Suppenwürfel)*
¼ l Milch
1 Lorbeerblatt
Salz
Pfeffer aus der Mühle
Muskatnuss, frisch gerieben
⅛ l Schlagobers

100 g Nussbrot
40 g Butter
Prise Zimt

1. Lauch der Länge nach halbieren, waschen, dunkle Spitzen wegschneiden und in 1 cm dicke Stücke schneiden.
2. Kartoffeln schälen und in kleine Würfel schneiden.
3. Zwiebel schälen und kleinwürfelig schneiden.
4. Butter in einem großen Topf schmelzen, Zwiebel darin kurz anrösten, Lauch und Kartoffeln zugeben, 3–4 Minuten mitrösten, mit Suppe und Milch aufgießen, Lorbeerblatt zugeben und die Suppe etwa 30 Minuten köcheln lassen.
5. Lorbeerblatt entfernen, Suppe mit dem Pürierstab fein pürieren, Obers zugeben, nochmals gut durchmixen und mit Muskat, Salz und Pfeffer würzen.
6. Brot in sehr dünne Scheiben oder in Pommes frites große Stückchen schneiden.
7. Butter in einer Pfanne schmelzen, Brotscheiben darin auf beiden Seiten anbraten, von der Hitze nehmen, leicht mit Zimt bestreuen und zur heißen Suppe servieren.

Schnelle Würze in Bio-Qualität!

SPAR Natur*pur Bio-Gemüse-Suppenwürfel sind ein österreichisches Qualitäts-Bioprodukt und in der Küche eine unverzichtbare Zutat. Die fein abgestimmte Mischung aus Bio-Gemüse und Bio-Kräutern sorgt für einen köstlich würzigen, frischen Bio-Gemüsebouillon-Geschmack. Verfeinert Suppen, Saucen, Gemüse, Aufläufe und Salate.

Kartoffeln mit karamellisierten Bio-Zwiebeln

Zubereitungszeit: 50 Min
Zutaten für 4 Portionen (Hauptspeise), 8 Portionen (Beilage)

2 große Gemüsezwiebeln
1/16 l Olivenöl
3 Knoblauchzehen, geschält
1 TL Paprikapulver
3 Lorbeerblätter
3 Zweige Rosmarin
3 Pfefferkörner
3 Pimentkörner
1 Briefchen Safran
1,20 kg Kartoffeln, fest kochend
250 ml Gemüsebouillon
Salz
3 EL Petersilie, fein gehackt
3 EL Majoranblättchen

Aioli (Knoblauchcreme):
1 Dotter
1 TL scharfer Senf
1/8 l Olivenöl
2 Knoblauchzehen
Saft von 1/2 Zitrone
4 EL Jogurt
Salz
Pfeffer aus der Mühle

Nimm' einen Löffel und iss mit: Herrlich, wenn man diese goldbraunen Bratkartoffel im Familienkreis aus einer Pfanne verspeist.

1 Zwiebel schälen, halbieren und in feine Streifen schneiden.

2 Öl in einer Pfanne erhitzen, Zwiebel darin langsam anrösten.

3 Knoblauch in Scheiben schneiden, zu der Zwiebelröstung geben und 3–4 Minuten mitrösten.

4 Zwiebelröstung von der Hitze nehmen, Paprikapulver und sämtliche Gewürze zugeben und alles gut durchrühren.

5 Kartoffeln schälen, vierteln oder achteln und zur Zwiebelröstung geben.

6 Pfanne wieder auf die Hitze stellen, mit Bouillon aufgießen, köcheln lassen bis die Flüssigkeit verkocht und die Zwiebeln karamellisiert sind (Zwiebeln enthalten Zucker). Dann bei geringer Hitze etwa 20 Minuten unter mehrmaligem Wenden sanft vor sich hin braten lassen bis sie goldbraun leuchten.

7 Kartoffeln erst jetzt mit Salz und Pfeffer abschmecken, Petersilie und Majoran zugeben und alles nochmals durchmengen.

8 Kartoffeln auf vorgewärmten Tellern anrichten und mit der Aioli servieren.

9 *Aioli:* Dotter mit Knoblauch und Senf in einen hohen Mixbecher geben und mit dem Pürierstab gut durchmixen; Olivenöl und Zitronensaft zugeben und alles zu einer cremigen Sauce aufmixen. Jogurt unterrühren und mit Salz und Pfeffer abschmecken.

Lang lebe das Aroma

SPAR Natur*pur Bio-Zwiebeln kommen von ambitionierten Bio-Bauern, die ihre lokalen, widerstandsfähigen Zwiebelsorten langsam und lange am Feld reifen lassen. Sie werden aromatischer und sind besonders gut lagerfähig.

Samtig, scharf-süß, duftig

Österreichisches Hendlcurry mit „Kronprinz Rudolf"-Äpfel

Currys zählen zu den beliebtesten Gerichten der Welt. Mit steirischen Äpfeln, Sonnenblumenöl und Gemüsezwiebeln bekommt dieses Rezept eine österreichische Note.

Zubereitungszeit: 45 Min
Zutaten für 4 Personen

500 g ausgelöste Hühneroberkeulen
Salz
Pfeffer aus der Mühle
1 EL Öl
3 EL Currypulver
4 EL Sonnenblumenöl
2 weiße Gemüsezwiebeln
2 SPAR wie früher Kronprinz Rudolf Äpfel (ca. 250 g)
3 EL Öl
20 g Butter
⅛ l Schlagobers oder Kokosmilch
⅛ l Hendlsuppe
Chilipulver
4 EL Koriandergrün od. Petersilie (grob gehackt)

1. Hühnerfleisch in etwa 3 cm große Würfel schneiden, in eine Schüssel geben, 1 EL Currypulver sowie 1 EL Öl zugeben, etwas salzen und pfeffern, alles gut durchmengen und ca. 10 Minuten marinieren.
2. Zwiebeln schälen, vierteln und in grobe Stücke schneiden.
3. Äpfel achteln, Kerngehäuse entfernen und Apfelspalten nochmals halbieren.
4. Öl in einem großen, breiten Topf oder einer großen Pfanne erhitzen, das Fleisch (auf mehreren Etappen) rundum anbraten und aus dem Topf nehmen.
5. Butter zum Bratrückstand in den Topf geben, aufschäumen lassen, Zwiebel- und Apfelstücke darin anbraten; etwas salzen, geschnittene Zwiebeln zugeben und kurz durchrösten.
6. Mit Obers oder Kokosmilch aufgießen, einmal aufkochen lassen, mit Suppe aufgießen, alles noch mal 2–3 Minuten köcheln lassen.
7. Fleisch zugeben und bei mittlerer Hitze 15–20 Minuten in der Sauce „schmurgeln" lassen. Mit Salz abschmecken und eventuell mit etwas Chili nachschärfen.
8. Curry in tiefen Tellern anrichten und mit Koriander oder Petersilie bestreuen.

Traditionelle Kronprinz Rudolf Äpfel

Eine regionale Spezialität der „Steirischen Apfelstraße", ein Zufallssämling unbekannter Herkunft, in der Steiermark entdeckt, 1873 nach Kronprinz Rudolf benannt. Sonnseitig intensiv rotbackig, feinzellig, mittelmürbes schwachwürziges Fruchtfleisch, süß-säuerlich, saftig-erfrischend. Exzellente Tafelfrucht.

Überbackenes Bauernbrot mit Pilzen und Petersilienpesto

Zubereitungszeit: 30 Min
Zutaten für 4 Portionen

Petersiliencreme:
1 Bund Petersilie
2 Knoblauchzehen
40 g Pinienkerne
80 ml Olivenöl
2 EL Bergkäse, frisch gehobelt
Salz
Pfeffer aus der Mühle

200 g Champignons
20 g Butter
Salz
Pfeffer aus der Mühle

4 Scheiben Bauernbrot (á ca. 60 g)
4 Eckerl Schmelzkäse
2 EL Bergkäse, frisch gehobelt

***Restl-Tipp**: Übriges Pesto dazu servieren oder in ein Schraubglas füllen, mit etwas Öl übergießen und für Spaghetti oder zum Würzen von Gemüse kaltstellen.*

1. ***Petersiliencreme:*** Blättchen von der Petersilie abzupfen, in kochendem Wasser kurz blanchieren, abseihen, kalt abschwemmen und etwas ausdrücken.
2. Knoblauch schälen und grob schneiden.
3. Petersilie und Knoblauch mit Pinienkernen, Öl und Bergkäse in ein hohes Gefäß geben und mit dem Stabmixer fein pürieren; mit Salz und Pfeffer würzen.
4. Champignons putzen und halbieren oder vierteln.
5. Butter in einer Pfanne schmelzen, Pilze rundherum darin anbraten und mit Salz und Pfeffer würzen.
6. Backrohr auf 220 °C (Ober- und Unterhitze) vorheizen.
7. Brotscheiben mit jeweils 1 Eckerl Käse dick bestreichen, Pesto darüber verteilen, Pilze darüber geben und mit Bergkäse bestreuen.
8. Brote auf ein Backblech legen und auf der obersten Schiene etwa 6–8 Minuten überbacken, bis der Käse eine goldbraune Kruste hat.

Selbst Brot backen, gluten- und laktosefrei

SPAR free from ist die Marke für Menschen mit besonderen Ernährungsbedürfnissen. Mit **SPAR free from Backmischung** für Landwecken kann man knusprig-frisches Brot schnell und einfach selber backen. Im Backautomaten oder als Kastenbrot.

Die Traubenlese

Brot und Wein haben eine Jahrtausende alte Tradition und sind nicht zuletzt typische, unverwechselbare Produkte unserer Heimatregionen. Schon im Jahr 1986 hat SPAR in einem der ältesten Weinbaugebiete Niederösterreichs ein Weingut mit den dazugehörigen Weingärten erworben. Das Weingut Schloss Fels am Wagram. Im Sinne höchster Weinqualität werden hier regionaltypische Sorten gepflegt und mit traditioneller Winzerkunst und modernster Weinwissenschaft verbunden.

Der Ernte sei Dank!

Getreidevielfalt, Mehlvielfalt, Zutatenvielfalt und Backvielfalt sorgen dafür, dass eines der ältesten Nahrungsmittel der Welt bei SPAR niemals langweilig wird. Für jeden Geschmack, für jeden Gusto, für jede Gelegenheit, für den salzigen und süßen Gaumen. SPAR Natur*pur Bio-Brot ist reine Natur in ihrer knusprigsten Form mit abwechslungsreicher Korn- und Kernkraftvielfalt. Mehrmals täglich frisch aus der SPAR-Backstube. Jede Sorte ist eine Versuchung wert. Der Herbst lädt ein, Brot und Wein gemeinsam zu verkosten.

Vital-Walnuss-Aufstrich

Zubereitungszeit: 30 Min
Zutaten für 4 Portionen

100 g SPAR Vital Walnusskerne
2 Äpfel
250 g Topfen (20 %)
Saft von ½ Zitrone
2 TL Kren, aus dem Glas
Salz
Pfeffer aus der Mühle

***Restl-Tipp**: Topfen ist die beste „neutrale" Basis für kreative Aufstrich- und Dip-Ideen. Da passt fast alles rein. Gemüse, Kräuter, Schinken, Sardinen, Ei, Früchte. In diesem pikant gewürzten „Studentenfutter zum Aufstreichen" haben sich Nüsse und zwei übrig gebliebene Äpfel versteckt. Perfekt für Vieldenker.*

1. Nüsse grob hacken.
2. Äpfel schälen, vierteln, entkernen, grob raspeln und sofort mit dem Topfen vermengen.
3. Gehackte Nüsse sowie Kren zugeben, gut verrühren und mit Zitronensaft, Salz und Pfeffer abschmecken.

Dazu passend: Kräftiges Bauernbrot

Power-Snack fürs Hirn

SPAR Vital wurde gemeinsam mit Ernährungsexperten entwickelt und umfasst Produkte, die ernährungsphysiologisch besonders wertvoll sind. Aufgrund der enthaltenen mehrfach ungesättigten Fettsäuren erhöhen **SPAR Vital Walnusskerne** die Konzentration und Lernfähigkeit, stärken Gedächtnis und Nervenfunktion. Außerdem sind sie ein idealer Energielieferant für Vitamin E sowie für die wichtigen Omega-3-Fettsäuren.

Sellerie-Crostini mit Bio-Kräutersalz und Endivie

Typisch für Crostini ist, dass sie meist mit einer Creme und einer Garnierung zubereitet werden. Sie sind großartig als Vorspeise, Snack und zum Aperitif (Campari Soda, Martini trocken, Wein, Prosecco).

Zubereitungszeit: 30 Min
Zutaten für 4 Portionen

400 g Sellerieknolle
2 EL Olivenöl
1/16 l Gemüsesuppe
*SPAR Natur*pur Bio-Kräutersalz*
Salbei
Pfeffer aus der Mühle
12 Scheiben Baguette
120 g Endiviensalat
2 EL Olivenöl
1 TL Zitronensaft
Kräutersalz
Pfeffer aus der Mühle
Petersilie zum Bestreuen.

Backtrennpapier

1. Sellerie schälen und grob raffeln.
2. Öl in einer Pfanne erhitzen. Sellerie darin kurz anrösten, mit Suppe aufgießen und bei geringer Hitze 10–12 Minuten zugedeckt dünsten.
3. Backrohr auf 200 °C (Ober- und Unterhitze) vorheizen.
4. Baguettescheiben auf ein mit Backtrennpapier ausgelegtes Backblech legen und 3 Minuten überbacken.
5. Sellerie in ein hohes Mixglas geben und mit dem Pürierstab fein pürieren, mit Kräutersalz, Pfeffer und Salbei abschmecken. Püree auf die Brote streichen und weitere 3 Minuten überbacken.
6. Endivie putzen, waschen, trocknen und in feine Streifen schneiden.
7. Öl in einer beschichteten Pfanne erhitzen. Endivienstreifen kurz darin anrösten, mit Zitronensaft beträufeln und mit Salz und Pfeffer würzen.
8. Endiviensalat auf den Brotscheiben verteilen und mit Petersilie bestreuen.

Duftendes Sommerflair

SPAR Natur*pur Bio-Kräutersalz vereint zehn sonnenverwöhnte Bio-Kräuter mit feinstem Meersalz zu einer sinnlich duftenden Genussharmonie. Gesund ist es auch. Der hohe Kräuteranteil reduziert den Speisesalzbedarf.

Zwetschkentarte mit Bio-Roggenbrot

Zubereitungszeit: 1 Stunde 20 Minuten
Zutaten für 6 Portionen

Mürbteig:
180 g SPAR Natur*pur Bio-Weizen Mehl (Type 700, glatt)
60 g Staubzucker
Prise Salz
120 g kalte Butter

Belag:
100 g SPAR Natur*pur Bio-Roggenbrot (oder würziges Schwarzbrot)
6 Wacholderbeeren
20 g Butter
40 g Staubzucker

450 g Zwetschken

Schale von 1 Bio-Orange, fein abgerieben
40 g Bio-Rohrzucker zum Bestreuen

¼ l Schlagobers
2 Packungen Vanillezucker
Prise Piment oder Zimt, gemahlen

Die Zwetschke ist die Königin der Blechkuchen. Sie tröstet wie kaum eine andere Frucht mit ihrem fruchtig-süßen Aroma über den Ausklang der warmen Jahreszeit hinweg.

1 ***Mürbteig:*** Mehl mit Zucker und einer Prise Salz auf eine Arbeitsfläche sieben, kalte Butter durch die grobe Seite der Küchenreibe reiben, alles rasch zu einem glatten Teig verkneten.

2 Teig auf der bemehlten Arbeitsfläche zu einer Platte von 38 x 14 cm ausrollen, in die Form einlegen, mit einer Gabel mehrmals einstechen und ca. ½ Stunde tiefkühlen.

3 ***Belag:*** Brot zerbröseln, Wacholderbeeren klein hacken.

4 Butter in einer Pfanne schmelzen, Brot und Wacholder darin anrösten, Zucker zugeben und kurz mitrösten; Masse auskühlen lassen, mit einer Gabel auflockern.

5 Backrohr auf 180 °C (Ober- und Unterhitze) vorheizen.

6 Brotbröselmasse auf dem Mürbteig verteilen.

7 Zwetschken entkernen, der Länge nach vierteln, darauf verteilen, mit Bio-Rohrzucker bestreuen, Orangenschale darüber reiben und im Rohr auf mittlerer Schiene 40 Minuten backen; abkühlen lassen oder auch noch lauwarm servieren.

8 Obers mit Vanillezucker cremig aufschlagen, Piment oder Zimt zugeben.

9 Tarte in Stücke schneiden und mit dem Obers servieren.

Beste Bio-Butter

SPAR Natur*pur Bio-Butter wird von der Austria-Bio-Garantie geprüft und durch das staatliche Bio-Kontrollzeichen bestätigt. Weil Bio-Kühe frische Gräser, Kräuter und duftendes Heu fressen und in der Milch ist, was die Kuh frisst, ist Bio-Butter nicht nur gehaltvoller, sie verwöhnt auch mit ihrem naturfrischen Geschmack.

Klima-Chinakohlrouladen mit Cous-Cous-Fülle

Zubereitungszeit: 1 Stunde
Zutaten für 4 Portionen

8 große Chinakohlblätter (ca. 280 g)
Salz
150 g Cous-Cous
3/8 l Geflügelsuppe (Würfelsuppe)
1 Päckchen Safran
50 g Mandelblättchen
50 g Pinienkerne
100 g Rosinen
1 EL Currypulver
1 TL Chilisauce
Koriander (gemahlen)
Salz
Pfeffer aus der Mühle

400 g geschälte Tomaten (aus der Dose)
1/8 l Geflügelsuppe (Würfelsuppe)
3 Knoblauchzehen
1 Sternanis oder 2 Gewürznelken
Salz
Pfeffer aus der Mühle
Olivenöl zum Beträufeln

Restl-Tipp: *Fein geschnitten ist Chinakohl knackiger Salat, schmackhafte Suppeneinlage, typische Zutat im Wok oder feingedünstete Gemüsebeilage.*

1. Chinakohl in reichlich Salzwasser blanchieren, abseihen, auf ein Geschirrtuch legen, trocken tupfen und die dicke Blattrippe etwas flach klopfen.
2. Geflügelsuppe mit Safran aufkochen, über den Cous-Cous gießen und 10 Minuten quellen lassen. Geröstete Mandelblättchen, Pinienkerne und Rosinen untermengen. Currypulver und Chilisauce zugeben und Cous-Cous gut durchmengen. Mit Koriander, Salz und Pfeffer pikant abschmecken.
3. Tomaten aus der Dose samt Saft mit Geflügelsuppe gut vermengen,
4. Knoblauch schälen und blättrig schneiden.
5. Knoblauch und Sternanis oder Gewürznelken zur Tomatenmasse geben, mit Salz und Pfeffer würzen und in eine Auflaufform gießen.
6. Backrohr auf 180 °C (Ober- und Unterhitze) vorheizen.
7. Vorbereitete Chinakohlblätter mit Cous-Cous belegen, Seitenlängen einschlagen, aufrollen und mit der Naht nach unten in die Tomatenmasse setzen. Mit Alufolie abdecken und im vorgeheizten Rohr etwa 20 Minuten braten. Folie entfernen und weitere 20 Minuten braten. Rouladen mit Tomatensauce anrichten und mit Olivenöl beträufeln.

Chinakohl als Klimakohl

Mit diesem **SPAR wie früher Chinakohl** setzt SPAR Zeichen für den Klimaschutz. Der „Klimakohl" wurde in Zusammenarbeit mit der Ökoregion Kaindorf so produziert, dass dabei die Umwelt und das Grundwasser geschont und durch gezielten Humusaufbau vermehrt CO_2 im Boden gespeichert wird. Die Klimakohl-Verpackung ist zu 100 Prozent biologisch abbaubar.

Schweinsragout mit österreichischen Bio-Berglinsen

Haltbar-Tipp: *Dieses Gericht eignet sich wunderbar zum Tiefkühlen.*

Zubereitungszeit: 2 Stunden
Zutaten für 4 Portionen

800 g Schopfbraten
Salz
Pfeffer aus der Mühle
1 Zwiebel (ca. 100 g)
6 Knoblauchzehen
5 EL Öl oder Schmalz
1 EL Kümmel (ganz)
½ l Rindsuppe oder Rinderfond
2 TL Thymian, getrocknet
200 g SPAR Vital Bio-Berglinsen
¼ l Rindsuppe
1 Paar scharfe Debreziner (ca. 120 g) oder 150 g Tiroler Bergwurz
1 EL Öl
3–4 Stängel Petersilie, gehackt
1 TL Schale einer Bio-Zitrone, fein abgerieben

1 Fleisch in etwa 2 cm große Würfel schneiden, salzen und pfeffern.

2 Backrohr auf 140 °C (Ober- und Unterhitze) vorheizen.

3 Zwiebel und Knoblauch schälen und fein hacken.

4 Öl in einem großen Topf erhitzen, Kümmel zugeben und darin kurz anrösten; Fleischwürfel dazugeben und auf allen Seiten anbraten. Anschließend Zwiebel und Knoblauch zufügen und ebenfalls mitbraten. Alles solange braten, bis der entstandene Fleischsaft zur Gänze verkocht ist, erst dann mit Suppe aufgießen und mit etwas Salz und Pfeffer sowie Thymian würzen; zugedeckt im Backrohr bei 140 °C ca. 30 Minuten schmoren.

5 Linsen waschen, gut abtropfen lassen, zum Ragout geben, mit Rindsuppe auffüllen und etwa weitere 40–50 Minuten schmoren. Hinweis: eventuell etwas Flüssigkeit zugeben (wenn die Linsen zu viel aufgesaugt haben) und kurz rasten lassen.

6 Debreziner oder Bergwurz in ca. ½ cm dicke Stücke schneiden, Öl in einer Pfanne erhitzen, Wurst darin kurz anbraten und unter das Schweinsragout mengen. Schweinsragout auf vorgewärmten Tellern anrichten und mit Petersilie und Zitrone bestreuen.

Linsenvergnügen wieder aus Österreich

Die herzhaften Linsensorten von **SPAR Vital** kommen erstmals seit 50 Jahren wieder aus kontrolliert biologischem Anbau von österreichischen Feldern: Aromatisch feine, feste **Bio-Berglinsen** (für Suppen und Eintöpfe), kräftig-dunkle Bio-Belugalinsen (für Salate, Vorspeisen) und sämig-rustikale **Bio-Tellerlinsen** (für Suppen, Aufläufe, Bratlinge Aufstriche, Eintöpfe).

Gebratene Bio-Rote Rüben in Pergament mit Mascarpone-Mohn-Creme

Zubereitungszeit: 60 Min
Zutaten für 4 Portionen

*8 kleine Rote Rüben oder SPAR Natur*pur Bio-Rote Rüben*
Olivenöl zum Einreiben
½ TL grobes Salz
½ TL Anissamen

Backtrennpapier oder Pergamentpapier

Mascarpone-Mohn-Creme:
120 g Mascarpone oder Mascarino
⅛ l Jogurt
4 EL Mohn, fein gequetscht
Salz
Pfeffer aus der Mühle
Schale von ½ Bio-Orange, fein abgerieben
Saft von ½ Orange

2 EL Olivenöl zum Beträufeln

Gesundheits-Tipp: *Was schon seit Jahrtausenden behauptet wird, hat nichts an Gültigkeit verloren: Rote Rüben sind Vitalstoffknollen fürs Immunsystem.*

1 Backrohr auf 180 °C (Ober- und Unterhitze) vorheizen.

2 Rote Rüben waschen (eventuell schälen), jeweils einmal einschneiden – aber nicht durchschneiden – mit Öl einreiben, mit Salz und Anis bestreuen, jeweils wie ein „Zuckerl" in ein Stück Backtrennpapier einwickeln, auf ein Backblech legen und ca. 35–40 Minuten backen.

3 *Mascarpone-Mohn-Creme:* Mascarpone mit Jogurt sowie dem Mohn gut verrühren, mit Salz und Pfeffer sowie Orangenschale und –saft abschmecken.

4 Pergamentpackerl auf Teller setzen, Packerl etwas öffnen, mit Olivenöl beträufeln und mit der Mascarpone-Mohn-Creme servieren.

Schnelle Bio-Alternative

Viele scheuen sich vorm Kochen und Schälen der Roten Rüben. Von **SPAR Natur*pur** gibt es **Rote Rüben** in Bio-Qualität bereits geschält und gekocht (ideal auch für die Saftpresse mit Karotten, Äpfeln und Mandarinen). Für dieses Rezept die fertigen Rüben einfach würzen, in Pergamentpapier wickeln und im Backrohr erhitzen.

Würzig, herzhaft, auch als Hauptgericht

Deftige Räucherfischsuppe mit Bio-Fenchel

Profi-Tipp: *Safran färbt intensiver, wenn man ihn eine Weile in einem Stamperl mit warmem Wasser ziehen lässt.*

Zubereitungszeit: 40 Min
Zutaten für 4 Portionen

2 Makrelenfilets, geräuchert mit Haut
1 Bio-Fenchelknolle (ca. 350 g)
3 Knoblauchzehen, geschält
20 g Butter
2 EL Öl
⅛ l Wermuth, trocken
1 TL Anissamen
1 Briefchen Safran
¾ l SPAR PREMIUM Fischfond oder Hühnersuppe
Salz
Pfeffer aus der Mühle
3 EL Dille, gehackt
300 g Zanderfilet
30 g Butter
2 EL Öl
Salz
Pfeffer aus der Mühle
Kräuter zum Garnieren
Olivenöl zum Beträufeln

1. Haut von den Makrelenfilets abziehen. Filets entgräten und vorsichtig in mundgerechte Stücke schneiden und zugedeckt bis zur Weiterverarbeitung beiseite stellen.
2. Fenchel putzen, halbieren und in feine Streifen schneiden. Knoblauch schälen und in feine Scheiben schneiden.
3. Butter in einem Topf schmelzen, Öl zugeben, Knoblauch und Anissamen kurz anrösten, die Fenchelstreifen zugeben, kurz mitbraten, etwas salzen, mit Wermuth ablöschen, den Safran, die Haut der Makrele sowie den Fischfond oder die Hühnersuppe zugeben und den Fenchelsud bei mittlerer Hitze etwa 15 Minuten kochen; Makrelenhaut wieder entfernen.
4. Die Hälfte des Fenchelsuds pürieren, mit dem restlichen Sud einmal aufkochen und alles etwa 2–3 Minuten köcheln lassen, mit Salz und Pfeffer abschmecken; Dille zugeben und von der Hitze nehmen.
5. Zanderfilet in etwa 3 cm breite Streifen schneiden und mit Salz und Pfeffer würzen.
6. Die Butter in einer großen – am besten beschichteten – Pfanne schmelzen, Öl dazugießen, die Fischstücke mit der Hautseite nach unten einlegen und etwa 1 Minute braten; von der Hitze nehmen und zugedeckt 2–3 Minuten durchziehen lassen.
7. Die gebratenen Fischstücke und die Makrelenfiletstücke in tiefen Tellern anrichten, mit dem Fenchelsud übergießen, mit Kräutern garnieren und mit dem Olivenöl beträufeln.

Für alle Fisch-Fans

SPAR PREMIUM Edition Johanna Maier Fischfond verfeinert jedes Fischgericht, ist die perfekte Geschmacksbasis für Fischsuppen und unverzichtbare Grundlage für feine Saucen zu Fischgerichten.

Frischer Rahmkohl mit panierter Weißwurst

Zubereitungszeit: 40 Min
Zutaten für 4 Portionen

1 kleiner Kohlkopf (ca. 450 g)
Salz
1 kleine Zwiebel
50 g Butter

1/16 l SPAR PREMIUM Rinderfond
1/16 l Schlagobers
Salz
Pfeffer
Muskat

8 Weißwürste
3 EL Mehl
1 Ei
2–3 EL Milch
120 g Semmelbrösel
Butterschmalz zum Ausbacken

Jetzt braucht es nur noch Dirndl und Lederhose, liebe Freunde, zünftige Musik und Lebkuchenherzen – schon kann das Oktoberfest zu Hause steigen.

1. Kohl putzen – große Blätter entfernen – halbieren und Strunk entfernen.
2. Kohl in einzelne Blätter teilen, dicke Blattrippen herausschneiden und in etwa 1 cm breite Streifen schneiden.
3. Kohlblätter in Salzwasser 2–3 Minuten blanchieren, abseihen, mit kaltem Wasser abspülen und gut abtropfen lassen, bzw. mit den Händen etwas ausdrücken.
4. Zwiebel schälen und kleinwürfelig schneiden.
5. Butter in einem Topf schmelzen, Zwiebel darin anrösten, Kohl dazugeben und alles gut vermengen.
6. Mit Rindsuppe aufgießen, würzen und 3–4 Minuten zugedeckt dünsten.
7. Obers dazugießen, alles nochmals gut verrühren und 1–2 Minuten bei geringer Hitze weiter köcheln lassen.
8. Weißwürste schälen, der Länge nach halbieren, in Mehl, verquirltem Ei und Bröseln panieren und im Butterschmalz knusprig ausbacken; mit dem Kohlgemüse anrichten.

Die schnelle Bouillon

SPAR PREMIUM Edition Johanna Maier Rinderfond wird in der Steiermark in Top-Qualität hergestellt, ohne geschmacksverstärkende Zusatzstoffe, ohne Farbstoffe und mit natürlichen Aromen.

Schnell, herzhaft, bitter-süß

Bio-Dinkel-Penne mit Bio-Radicchio und Bio-Orangen

Zubereitungszeit: 30 Min
Zutaten für 4 Portionen

1 kleine Zwiebel
2 Knoblauchzehen
*1 SPAR Natur*pur Bio-Radicchio (ca. 400 g)*
100 g Hamburgerspeck
1 EL Olivenöl
2 EL Pinienkerne

*450 g SPAR Natur*pur Bio-Dinkel Pasta Penne Rigate*
Salz
Pfeffer aus der Mühle
3 EL schwarze Oliven, ohne Kern
4 EL Petersilie, fein gehackt
Schale von 1 Bio-Orange, dünn abgerieben
60 g Parmesan
Olivenöl zum Beträufeln

Die leicht nussig schmeckende Dinkel-Pasta passt gut zu Käsesauce, Bolognese mit Faschiertem, allen Tomatensaucen oder ganz einfach zu Olivenöl mit frischen Kräutern und Knoblauch.

1 Zwiebel und Knoblauch schälen und kleinwürfelig schneiden.

2 Radicchio halbieren und in ca. 1 cm breite Streifen schneiden.

3 Speck in feine Streifen schneiden.

4 Öl in einer Pfanne erhitzen, Speck darin anrösten, Zwiebel sowie Knoblauch zugeben, kurz mitrösten, Pinienkerne ebenfalls kurz mitrösten, geschnittenen Radicchio zugeben, etwas salzen und 6–8 Minuten bei geringer Hitze „schmurgeln“ lassen.

5 Penne in reichlich Salzwasser bissfest kochen, abseihen und ca. ⅛ l Kochwasser auffangen.

6 Nudeln und Kochwasser zum Radicchiogemüse geben, gut durchmengen, mit Salz und Pfeffer würzen, Oliven und Petersilie untermengen, Orangenschalen sowie Parmesan darüber reiben und locker durchmengen.

7 Penne in tiefen Tellern anrichten und eventuell mit etwas Olivenöl beträufeln.

Modernes Urkorn

SPAR Natur*pur Bio-Dinkel Pasta wird aus bestem Bio-Dinkelgrieß hergestellt. Damit der Großteil der vitalen Nährstoffe des Dinkel-Getreidekorns erhalten bleibt, wird das gesamte Korn vermahlen (= Vollkorn). Mineralstoffe und Vitamine sind reichlich vorhanden. Hoch ist auch der enthaltene Kieselsäure-Anteil.

Rindsgeschnetzeltes mit Bio-Kürbis und Wild Preiselbeeren

Zubereitungszeit: 20 Min
Zutaten für 2 Portionen

400 g Rindslungenbraten oder Beiried
Salz
Pfeffer aus der Mühle
100 g SPAR Natur*pur Bio-Kürbis (z. B. Mini-Muskatkürbis), geschält
1 EL Öl
20 g Butter
1/16 l Rinderfond
1/8 l Schlagobers
1 TL frische Rosmarinnadeln
1 EL SPAR PREMIUM Wild Preiselbeer Kompott, rohgerührt
Salz
Pfeffer aus der Mühle

Restl-Tipp: *Perfekt für ein abendliches Tête-à-Tête. Kürbisreste würfeln und fürs nächste Mal einfrieren. Oder zur Suppe verkochen.*

1 Rindfleisch in ca. 1 cm dicke Scheiben, dann in ca. 1 cm breite Streifen schneiden, mit Salz und Pfeffer würzen.

2 Kürbis schälen, in etwa 1 cm große Würfel schneiden.

3 Öl in einer Pfanne erhitzen, Butter darin aufschäumen lassen und Fleisch bei mittlerer Hitze auf allen Seiten kurz anbraten.

4 Kürbiswürfel zugeben, kurz durchmengen und mit Fond und Obers aufgießen.

5 Rosmarin fein hacken, zugeben und Geschnetzeltes bei mittlerer Hitze 2–3 Minuten köcheln lassen, bis die Sauce eine cremige Konsistenz hat.

6 Das Geschnetzelte mit dem Preiselbeerkompott, Salz und Pfeffer abschmecken.

Beilage: Breite Bandnudeln.

Tipp: *Für mehr als zwei Portionen das Fleisch in mehreren Etappen und den Kürbis extra anbraten.*

Das rote Gold des Waldes

SPAR PREMIUM Wild Preiselbeer Kompott wird in einer kleinen Delikatessenfabrik in Wien mit höchstem Fruchtanteil hergestellt. Rohgerührt bleibt das natürliche Fruchtaroma erhalten. Es passt perfekt zu Wildgerichten, Weihnachtsgans und Entenbrust, schmeckt aber auch hervorragend zu aromatischen Käsesorten, wie zum Beispiel Camembert.

Schweinskarree mit Apfel-Kraut-Fleckerln

Zubereitungszeit: 3 Stunden
Zutaten für 4–6 Personen

10 Wacholderbeeren
10 Pfefferkörner
4 Knoblauchzehen
1 TL Rosmarin, getrocknet
Salz
1,20 kg Schweinskarree
2 EL Sonnenblumenöl

Apfel-Kraut-Fleckerl:
200 g SPAR PREMIUM Fleckerl
300 g Weißkraut (ohne Strunk)
1 Zwiebel
1 Knoblauchzehe
½ TL Kümmel
1 rotschaliger Bio-Apfel (ca. 150 g)
⅛ l fruchtiger Weißwein
Salz
Pfeffer aus der Mühle

Küchenkrepp

***Lager-Tipp**: Ganze Krautköpfe der späten Wintersorten kann man im kühlen Keller einige Monate lagern (typisches Lagergemüse). Angeschnittenes Weißkraut im Gemüsefach lagern; Schnittstellen mit Frischhaltefolie abdecken.*

1. Wacholderbeeren und Pfefferkörner in einem Mörser zerkleinern (oder die Gewürze in einen Gefrierbeutel geben und mit dem Nudelholz darauf schlagen und drei- bis viermal darüber walzen).
2. Knoblauch schälen, fein hacken, mit der Wacholder-Pfeffermischung, Salz, Rosmarin und Öl gut vermengen. Das Fleisch rundherum damit bestreichen und ca. 20 Minuten bei Zimmertemperatur marinieren lassen.
3. Backrohr auf 80 °C (Ober- und Unterhitze) vorheizen.
4. Öl in einer großen Pfanne erhitzen, Butter darin aufschäumen lassen und den Braten auf allen Seiten 4–5 Minuten anbraten; ein Bratthermometer in die dickste Stelle des Fleisches stecken und ca. 90–120 Minuten braten bis es eine Kerntemperatur von ca. 67 °C erreicht hat. Braten bei 60 °C rasten lassen.
5. In der Zwischenzeit: Fleckerl in reichlich Salzwasser bissfest kochen und abseihen.
6. Das Kraut putzen und in ca. 1 cm große Fleckerl schneiden. Zwiebel und Knoblauch fein hacken, das Öl in einem breiten Topf erhitzen, Zwiebel und Knoblauch darin anrösten, Kümmel zugeben und kurz mitrösten. Das geschnittene Kraut zugeben, salzen und 5–6 Minuten anrösten.
7. Den Apfel vierteln, Kerngehäuse herausschneiden, in ca. 2 cm dicke Scheiben schneiden, zugeben, kurz durchmengen und das Kraut mit Wein aufgießen. Die Hitze reduzieren und das Kraut 15–20 Minuten schmurgeln lassen. Gekochte Fleckerl untermengen und mit Salz und Pfeffer abschmecken.
8. Fleisch in Tranchen schneiden, mit den Krautfleckerln und dem entstandenen Bratensaft anrichten.

Löffelweich, cremig, aromatisch

Risotto mit Blauschimmelkäse und Bio-Rucola

Zubereitungszeit: 30 Min
Zutaten für 4 Portionen

1 kleine Zwiebel
2 Knoblauchzehen
50 g Butter
2 EL Olivenöl
300 g Risottoreis
¼ l Weißwein, z. B. Biorebe Grüner Veltliner
¾ l Gemüsesuppe
Salz

100 g Salami
*80 g SPAR Natur*pur Bio-Rucola*

120 g Blauschimmelkäse
Pfeffer aus der Mühle

Ein gut gewählter Wein kann den Geschmack einer Speise erhöhen. Das gilt für das Trinken und für das Kochen. Wein ist eine intensive, geschmacksgebende Zutat, darum immer denselben Wein verwenden, der bei Tisch dann auch (aus)getrunken wird.

1 Zwiebel und Knoblauch schälen und beide fein hacken.

2 Öl in einem Topf erhitzen, Butter zugeben, darin aufschäumen lassen und Zwiebel sowie Knoblauch kurz darin anrösten; Reis zugeben, kurz mitrösten, mit Weißwein aufgießen und Flüssigkeit einkochen lassen – so lange, bis am Kochtopfboden beim Umrühren „Stärkeschlieren" sichtbar werden.

3 Risotto mit 2–3 Schöpfern warmer Suppe aufgießen und unter mehrmaligem Umrühren die Flüssigkeit abermals einkochen lassen. Den Vorgang so lange wiederholen, bis der Risottoreis innen kernig ist und das Risotto eine cremige Konsistenz hat.

4 Salami kleinwürfelig schneiden, ohne Fett in einer Pfanne anbraten.

5 Rucola grob hacken, zugeben, kurz mitrösten.

6 Käse in grobe Würfel schneiden, beides zum Risotto geben, gut durchrühren und eventuell etwas pfeffern.

7 Risotto sofort in tiefen Tellern anrichten.

Natürlicher Weingenuss

Pannonisches Klima, Kräuter und Kleepflanzen, der natürliche Kreislauf des Biotops: **Biorebe Grüner Veltliner** wächst in einer der eindrucksvollsten Naturlandschaften Europas, im Weingut Michlits am Rande des Nationalparks Neusiedlersee. Der frisch-würzige Bio-Wein überzeugt mit heller grün-gelber Farbe, zart-mineralischer Struktur, typischem „Pfefferl", fruchtiger Würze und belebender Säure im Abgang.

Samtige Maroni-Pilz-Suppe

Saison-Tipp: *Eine heiße Versuchung in der kühlen Jahreszeit. Maroni schmecken mehlig-süßlich und haben ein angenehmes, unaufdringliches Nussaroma.*

Zubereitungszeit: 35 Min
Zutaten für 4 Portionen

300 g Champignons, geputzt
1 kleine Zwiebel
40 g Butter
150 g Maroni, vorgekocht
¾ l Hühnersuppe
4 Zweige Thymian
120 g Crème fraîche
Salz
Pfeffer aus der Mühle

50 g Maroni, vorgekocht, zum Garnieren

1. Champignons feinblättrig schneiden.
2. Zwiebel schälen, feinwürfelig schneiden.
3. Butter in einem Topf schmelzen, Zwiebel darin kurz anrösten, Champignons zugeben und 3–4 Minute mitrösten.
4. Maroni mit den Händen grob zerbröseln, mit den Thymianzweigen zur Suppe geben und bei mittlerer Hitze 20 Minuten köcheln lassen.
5. Thymianzweige entfernen und die Suppe mit dem Pürierstab fein pürieren, die Hälfte der Crème fraîche unterrühren, nochmals aufmixen und mit Salz und Pfeffer würzen.
6. Suppe in Tassen anrichten, mit der restlichen Crème fraîche und den ganzen Maroni garnieren.

Tipp: *Maroni vor dem Anrichten eventuell in brauner Butter schwenken.*

Kalorienarme Nährstoffspender

SPAR Vital Essfertige Edelkastanien sind wertvolle Ballaststoff- und Magnesiumspender, fettarm, geschält, gedämpft. Kann man pur naschen und sie verfeinern Suppen, Saucen, Kartoffelpüree, Kürbis, Rotkraut, passen zu Käse und Wild.

Gnocchi mit Anis

Zubereitungszeit: 15 Min
Zutaten für 4 Portionen

Gewürzbutter:
2 TL Anissamen
5 EL Petersilie, fein gehackt
100 g Butter
Salz
Pfeffer aus der Mühle

Gnocchi:
3 Packungen SPAR Feine Küche Gnocchi (Fertigprodukt)
Salz
8 Scheiben Rohschinken
Olivenöl zum Braten
60 g Parmesan, frisch gerieben

Wenn sich kurzfristig Besuch anmeldet oder für den schnellen Hunger, sind hochwertige Halbfertigprodukte immer eine zeiteffiziente, stressfreie Lösung.

1 ***Gewürzbutter:*** Anissamen in einer Pfanne ohne Fett kurz anrösten, auskühlen lassen. Anschließend grob hacken oder im Mörser zerkleinern.

2 Petersilie mit der weichen Butter und dem Anis gut vermengen und mit Salz und Pfeffer abschmecken.

3 ***Gnocchi:*** Gnocchi laut Packungsanweisung in Salzwasser kochen und abseihen, wieder in den Topf geben, Gewürzbutter zufügen, gut vermengen und zugedeckt 2–3 Minuten rasten lassen.

4 Rohschinken mit etwas Olivenöl in einer Pfanne knusprig braten. Gnocchi anrichten, mit Parmesan bestreuen und mit gebratenen Schinkenscheiben belegen.

In 3 Minuten fertig

Sie sind preiswert, sparen Zeit und Energie und zaubern in Minuten ein Gericht auf den Tisch. Die **SPAR Feine Küche Gnocchi** sind sorgfältig hergestellt aus Hartweizengrieß, Kartoffeln und Eiern. Eine Gewürzmischung aus Salz und Muskatnuss rundet den feinen Geschmack ab.

Gebratener Bio-Kürbis mit Grießnockerln

Zubereitungszeit: 40 Min
Zutaten für 4 Portionen

Gebratener Kürbis:
*500 g SPAR Natur*pur Bio-Mini-Muskatkürbis*
50 g Butter
2 Knoblauchzehen
1 Sternanis
Korinader, gemahlen
Prise Zucker
Salz
Pfeffer aus der Mühle
Butter zum Braten

Grießnockerl:
½ l Milch
1 Prise Salz
50 g Butter
120 g Grieß
3 Dotter
Muskat, gerieben

*2 EL SPAR Natur*pur Bio-Kürbiskerne*
2 EL Butter zum Anrösten

***Haltbar-Tipp**: Grießnockerln lassen sich gut auf Vorrat einfrieren! Gekocht auf ein Brett in den Tiefkühler legen. Gefroren in Behälter umfüllen, dann kann man sie einzeln entnehmen.*

1 ***Gebratener Kürbis:*** Kürbis schälen und in etwa 2 cm dicke Stücke schneiden.

2 Butter in einer Pfanne schmelzen, Kürbis darin bei geringer Hitze anbraten.

3 Knoblauch schälen und im Ganzen zugeben, Sternanis zugeben und so lange braten, bis die Kürbisstücke leicht braun werden; mit Koriander, Prise Zucker sowie Salz und Pfeffer würzen.

4 ***Grießnockerl:*** Milch mit Butter und Salz in einem kleinen Topf aufkochen.

5 Grieß zugeben und unter ständigem Rühren die Grießmasse so lange kochen, bis sie sich vom Topfboden löst.

6 Grießmasse überkühlen lassen, Dotter unterrühren und mit Muskat abschmecken.

7 Mit einem befeuchteten Löffel Nockerl ausstechen, mit befeuchteten Händen etwas nachformen und in reichlich kochendes Salzwasser einlegen; Hitze reduzieren und die Nockerl 10 Minuten „ziehen" lassen.

8 Grießnockerl aus dem Wasser heben und mit dem Kürbisgemüse anrichten.

9 Butter in einer Pfanne aufschäumen lassen, Kürbiskerne darin anrösten und über die Nockerln verteilen.

Steirische Kernkraft

Von **SPAR Natur*pur** gibt es **Kürbiskerne** natur und auch geröstet, zum Drüberstreuen und Untermengen. Schmecken pur, auf dem Brotaufstrich, im Müsli, in der Suppe, in Backwaren und im Salat.

Bio-Fisolengulasch mit Bio-Knacker

Zubereitungszeit: 40 Min
Zutaten für 4 Portionen

*500 g SPAR Natur*pur Bio-Fisolen*
500 g Kartoffeln, mehlig
1 große Zwiebel
3 Knoblauchzehen
3 EL Öl
2 EL Paprikapulver (edelsüß)
½ l Gemüsesuppe (Würfelsuppe)
½ TL Kümmel (ganz)
⅛ l Sauerrahm
2 EL Mehl (glatt)
Salz
Pfeffer aus der Mühle
*2 SPAR Natur*pur Bio-Knacker (oder Dürre)*

Bio-Bohnen dienen nicht nur der Ernährung, sie sind im Bio-Landbau ein wichtiges Glied der Fruchtfolge. Die tiefen Wurzeln lockern den Boden, binden Stickstoff und leisten einen wesentlichen Beitrag zur Bodenfruchtbarkeit.

1. Fisolen putzen, in 4 cm große Stücke schneiden, in Salzwasser etwa 5 Minuten kochen lassen; abseihen und kalt abschwemmen.
2. Kartoffeln schälen und in große Würfel schneiden.
3. Zwiebel und Knoblauch schälen, kleinwürfelig schneiden und in Fett anrösten.
4. Paprikapulver zufügen, gut umrühren und mit Suppe aufgießen.
5. Fisolen, Kartoffelwürfel und Kümmel zugeben und bei mittlerer Hitze etwa 10 Minuten kochen.
6. Rahm mit Mehl und 2–3 EL Wasser glatt rühren.
7. Gulasch von der Hitze nehmen, Rahmgemisch unterrühren, mit Salz und Pfeffer kräftig würzen und weitere 5–8 Minuten kochen lassen. Nach etwa ⅔ der Kochzeit in Scheiben Knackwurst oder Dürre zufügen.

Dazu passend: Schwarzbrot

Lieblingswurst in Bio-Qualität

Knackig zum Reinbeißen, sauer mit Essig und Öl, in Salaten und Eintöpfen, gefüllt und gratiniert, augsburgerisch gebraten oder mit Topfen, Gurkerln, Zwiebeln, Mayonnaise und Gewürzen in der Küchenmaschine zum Aufstrich gemixt. **SPAR Natur*pur Bio-Knacker** sind kulinarische Multitalente für die schnelle Alltags-Küche.

Bio-Topfenknödel in Bio-Kürbiskern-Nussbröseln

Haltbar-Tipp: *Man kann die Topfenknödeln gut vorbereiten und einfrieren. Zuerst einzeln auf einem Brett anfrieren lassen, dann in Behälter umfüllen. Bei Bedarf tiefgefroren kochen.*

1 *Topfenknödel:* Topfen in ein sauberes Küchentuch geben und gut ausdrücken – etwa ⅛ l Flüssigkeit sollte ausgepresst sein.

2 Trockene Topfenmasse (etwa 300 g) mit Grieß, Vanillezucker, Prise Salz, Dotter und Zitronenschale gut vermengen.

Butter zerlassen, untermengen und die Topfenmasse etwa 2 Stunden kalt stellen.

3 Masse in 12 Portionen teilen, mit befeuchteten Händen zu Knödeln formen. Tipp: Noch schneller geht das Formen der Knödel, wenn man die Topfenmasse mit einem Eisportionierer zu Knödeln formt.

4 Knödel in kochendes Salzwasser einlegen – Tipp: einen Spritzer Rum ins Kochwasser geben –, Hitze reduzieren und die Knödel 12 Minuten nicht zugedeckt darin ziehen lassen. Hinweis: Genaue Kochzeit einhalten, zu langes Kochen laugt die Knödel aus.

5 *Kürbiskern-Nussbrösel:* In der Zwischenzeit Kürbiskerne grob hacken, Butter in einer Pfanne schmelzen, Kürbiskerne und Nüsse zugeben und unter ständigem Rühren kurz anrösten; Zimt untermengen.

6 Zwetschkenröster mit Rum abschmecken.

7 Knödel aus dem Kochwasser nehmen, gut abtropfen lassen, in den Bröseln wälzen, anrichten, mit Zucker bestreuen und Zwetschkenröster dazu servieren.

Zubereitungszeit: 30 Min, 2 Stunden Rastzeit
Zutaten für 12 Stück

Topfenknödel:
*500 g SPAR Natur*pur Bio-Topfen (10 % Fett)*
40 g Gries
3 Packungen Vanillezucker
Prise Salz
50 g Sauerrahm oder Vanillejogurt
2 Dotter
Schale von ½ Zitrone, abgerieben
30 g Butter

Kürbiskern-Nussbrösel:
*80 g SPAR Natur*pur Bio-Kürbiskerne*
120 g Butter
*100 g SPAR Natur*pur Bio-Haselnüsse, gerieben*
Prise Zimt
Staubzucker zum Bestreuen

1 Glas SPAR PREMIUM Zwetschkenröster (310 g)
2 EL Rum

Wiener Mehlspeis-Früchte

SPAR PREMIUM Zwetschkenröster auf Wiener Art und **SPAR PREMIUM Holleröster** mit Holler aus der Steiermark werden in einer Wiener Delikatessen-Manufaktur hergestellt.

Fruchtig, nussig, mild-würzig

Bio-Traubensalat mit Heumilch Bio-Bergkäse und Macadamianüssen

Zubereitungszeit: 15 Min
Zutaten für 4–6 Portionen als Vorspeise

300 g blaue Bio-Trauben
2 rote Zwiebeln (ca. 160 g)
150 g herbstliche Blattsalate, geputzt

Marinade:
1 EL grüne Pfefferkörner, eingelegt
5 EL Olivenöl
2 EL milder Weinessig
Salz
Pfeffer aus der Mühle

300 g Bergkäse
100 g Macadamianüsse

Eine wunderbare Herbstharmonie und bunter Menü-Auftakt an Sonntagen oder wenn Gäste kommen.

1. Die Trauben waschen und eventuell halbieren.
2. Zwiebeln schälen, in feine Ringe schneiden und mit den Trauben sowie den Blattsalaten in einer Schüssel locker vermengen.
3. *Marinade:* Die Pfefferkörner mit einer Gabel grob zerdrücken und mit Olivenöl, Weinessig und 2 EL warmem Wasser verrühren; mit Salz und Pfeffer abschmecken.
4. Nüsse grob hacken.
5. Vom Käse mit dem Sparschäler dünne Späne abziehen.
6. Den Salat mit der Marinade locker vermengen, auf Tellern oder in Schüsseln verteilen und mit den Käsespänen sowie den gehackten Nüssen bestreuen.

   Dazu passend: Kräftiges Bauernbrot

Rezeptgenau in Bedienung erhältlich

SPAR Natur*pur Bio-Bergkäse wird noch heute aus bester Bio-Heumilch in großen Kupferkesseln hergestellt und mit einem Salztuch gepflegt. Das Ergebnis ist eine hervorragende, traditionelle Käsespezialität.

SPAR

Saftiger Apfel-Nuss-Kuchen

Back-Tipp: *Wichtig ist es, dass die Butter weich und zimmerwarm ist. So kann sie sich mit den Eidottern nach und nach verbinden und zu einer schön schaumigen Masse schlagen lassen.*

Zubereitungszeit: 1 Stunde
Zutaten für 6 kleine Gugelhupfformen oder eine große Form

250 g Butter zimmerwarm
250 g Staubzucker
Prise Salz
½ TL Zimt
6 Eier
1 großer, säuerlicher Apfel (ca. 250 g)
120 g Edelbitterschokolade
120 g Walnüsse, gerieben
280 g Mehl (glatt)
*1 Packung SPAR Natur*pur Bio-Weinsteinbackpulver*

Butter und geriebene Nüsse für die Form

Staubzucker zum Bestreuen

1. Backrohr auf 180 °C (Ober- und Unterhitze) vorheizen.
2. Weiche Butter mit Zucker, Salz und Zimt schaumig rühren.
3. Eier trennen, Dotter nach und nach unter die Buttermasse rühren.
4. Äpfel schälen und grob raffeln.
5. Schokolade grob hacken und mit den Äpfeln sowie den Nüssen unter die Buttermasse ziehen.
6. Eiklar zu steifem Eischnee aufschlagen und unterheben.
7. Mehl mit Backpulver versieben und nach und nach unter die Masse heben.
8. Die Masse in 6 befettete, mit geriebenen Nüssen ausgestreute kleine Gugelhupfformen füllen, glatt streichen und im vorgeheizten Rohr auf mittlerer Schiene etwa 30 Minuten backen.
9. Kuchen in der Form etwas überkühlen lassen, dann auf einen Teller stürzen, mit Staubzucker bestreuen und vollständig auskühlen lassen.

Tipp: *Den Gugelhupf kann man auch in einer großen Form backen, die Backzeit beträgt dann ca. 50 Minuten.*

Luftigkeit braucht keine Chemie

In herkömmlichen Produkten werden chemische Säuerungskomponenten zum Lockern des Teiges verwendet. Im **SPAR Natur*pur Bio-Weinstein-Backpulver** garantiert natürlicher Weinstein für Luftigkeit. Oft schmeckt Gebäck mit Weinstein-Backpulver auch milder und weniger stumpf (oder pelzig) als Gebäck mit herkömmlichem Backpulver.

Birnen-Schoko-Kuchen in der Tasse

Zubereitungszeit: 50 Min
Zutaten für 4 Portionen

4 sehr gut reife Birnen
*¼ l SPAR Natur*pur Bio-Birnensaft*

100 g Zartbitterschokolade
50 g Butter
Prise Salz
60 g Staubzucker
2 Eier
50 g Mandeln, gerieben
½ TL Backpulver

Butter für die Förmchen
Kristallzucker für die Förmchen

Staubzucker zum Bestreuen

Ob Muffins, Cupcakes oder Kuchen in der Tasse – Miniküchlein setzen sich durch. Sie sind vorportioniert und zugleich handlich verpackt. Zudem verringert sich die Backzeit.

1. Birnen schälen, Stängel daran lassen und mit einem Kugelausstecher das Kerngehäuse von der Unterseite her herauslösen.
2. Birnensaft aufkochen, Birnen darin 5–7 Minuten kochen; von der Hitze nehmen.
3. Backrohr auf 160 °C (Ober- und Unterhitze) vorheizen.
4. Kleine, hitzebeständige Förmchen mit Butter ausstreichen und mit Zucker ausstreuen.
5. Schokolade grob hacken, mit Butter in eine Schüssel geben und über Wasserdampf langsam schmelzen, Salz und Zucker zugeben.
6. Eier verquirlen, nach und nach locker unter die Schokomasse rühren.
7. Mandeln mit Backpulver vermischen und locker unter die Schokomasse heben.
8. Masse in die vorbereiteten Tassen füllen, jeweils eine gut abgetropfte Birne in die Mitte setzen und auf mittlerer Schiene etwa 30 Minuten backen. Etwas auskühlen lassen und bezuckert servieren.

Mild und natursüß

SPAR Natur*pur Bio-Birnensaft aus biologischer Landwirtschaft ist fruchtige Erfrischung, hervorragender Käse-Begleiter, süßt Tees und Fruchtsalate und rundet auch scharf-pikante Speisen der asiatischen und orientalischen Küche ab (z. B. Bulgogi, Currys).

Süß, flaumig, fruchtig

Brot- und Butter-Pudding mit Traubenkompott

Restl-Tipp: *Ein typischer Mehlspeis-Klassiker der bewährten Resteküche, den viele unter dem Namen „Scheiterhaufen" noch aus Omas Küche kennen.*

Zubereitungszeit: 1 Stunde 20 Minuten
Zutaten für 4–6 Portionen als Dessert

Traubenkompott:
2 Blatt Gelatine
500 g Bio-Trauben
Saft von 1 Zitrone
¼ l Traubensaft
1 kleine Zimtstange

Pudding:
300 g Striezel (z. B. Butterzopf) vom Vortag
1 EL Butter zum Ausstreichen
80 g Butter
250 g Schlagobers
⅛ l Milch
Prise Salz
4 SPAR Natur*pur Bio-Freilandeier
1 Vanilleschote
Schale von ½ Bio-Orange, dünn abgerieben
2–3 EL Mandelblättchen
50 g brauner Zucker

1. ***Traubenkompott:*** Gelatine in kaltem Wasser einweichen.
2. Trauben halbieren.
3. Traubensaft mit Zitronensaft und Zimtstange aufkochen, Trauben zugeben, einmal aufkochen, von der Hitze nehmen, Gelatine ausdrücken, im heißen Kompott auflösen und vollständig auskühlen lassen.
4. ***Brot- und Butterpudding:*** Backrohr auf 180 °C (Ober- und Unterhitze) vorheizen.
5. Striezel in Scheiben schneiden, Auflaufform mit Butter ausstreichen und Striezelscheiben dachziegelartig einlegen.
6. Butter in einem kleinen Topf schmelzen, Obers, Milch und Salz sowie die Eier zugeben.
7. Mark der Vanilleschote auskratzen, mit der Orangenschale zugeben, alles gut durchrühren und über den Striezel gießen.
8. Mit Mandelblättchen und Zucker bestreuen und etwa 30–35 Minuten backen; mit dem Traubenkompott servieren.

Tipp: *Zusätzlich Rosinen oder Cranberries untermischen, oder dünne, mit Zimt-Zucker bestreute Apfelscheiben zwischen die Striezelscheiben einlegen. Oder mit einem Stamperl Rum übergießen.*

Tierschutzgeprüfte Hühner

Bio-Hennen genießen genügend Platz, ein gemütliches Nest, bequeme Sitzstangen, naturfrischen Auslauf und biologisch kontrolliertes Futter. Ein delikates Bewusstsein, denn im Ei ist, was das Huhn isst. **SPAR Natur*pur Bio-Freilandeier** sind garantiert gentechnikfrei und tierschutzgeprüft.

Tarte Tartin

Zubereitungszeit: 1 Stunde (ohne Kühlzeit)
Zutaten für 6–8 Portionen

Teig:
200 g Mehl (glatt)
Prise Salz
2 Packungen Vanillezucker
120 g kalte Butter
1 kleines Ei

700 g Bio-Äpfel (z. B. Boskop)
80 g Butter
150 g Kristallzucker

Mehl zum Ausarbeiten

Dieser französische Apfelkuchen-Klassiker wird kopfüber gebacken. Typisch ist die Karamellschicht, die beim Backen auf dem Boden der Tarteform entsteht. Kann auch mit Birnen oder Marillen zubereitet werden.

1. *Teig*: Mehl mit Salz und Vanillezucker versieben.
2. Kalte Butter durch die grobe Seite der Küchenreibe darüber reiben, Ei zugeben und alles rasch zu einem glatten Teig verkneten; Teig zu einer Kugel formen, diese flach drücken, in Folie wickeln und ca. 1 Stunde kalt stellen.
3. Äpfel schälen, vierteln, Kerngehäuse entfernen.
4. Backrohr auf 220 °C (Ober- und Unterhitze) vorheizen.
5. Butter in einer backrohrtauglichen Form (ca. 26 cm Durchmesser) schmelzen, Zucker dazugeben, alles einmal aufschäumen lassen, Apfelstücke kreisförmig dicht einlegen und 1–2 Minuten braten; von der Hitze nehmen.
6. Teig auf einer bemehlten Arbeitsfläche zu einer 30 cm großen Platte ausrollen.
7. Teig mit Hilfe des Nudelholzes auf die Äpfel legen (Seitenränder in die Pfanne drücken) und im Rohr auf mittlerer Schiene etwa 30 Minuten backen.
8. Pfanne aus dem Rohr nehmen, 8–10 Minuten überkühlen lassen.
9. Einen großen Teller auf die Pfanne legen und die Tarte vorsichtig stürzen. Die Tarte am besten lauwarm mit etwas geschlagenem Obers servieren.

Genuss ohne Gentechnik

Weit mehr als 1.000 SPAR-Produkte, darunter alle SPAR Natur*pur Produkte, tragen das Gentechnik-frei Zeichen. Auch bei der Umstellung von allen Eiern auf **gentechnikfreie Qualität** war SPAR ein Vorreiter.

Winterzauber

Die Erde ruht, doch die Natur hat vorgesorgt. Linsen, Bohnen und Maronen verströmen ihre Aromen. Klassisches Wintergemüse spendet Vitamine, wohlige Suppen und Eintöpfe wärmen, der Duft von Geräuchertem liegt am Gaumen und in der Luft. Es ist die Zeit der Feste: Nikolo, Weihnachten, Silvester, Fasching – man schließt die Augen und weiß, wie würzig-süß diese Zeit duftet.

Ausgewogen, sättigend, raffiniert

Knusprige Linsen-Kartoffel-Laberl auf Wintersalat

Zubereitungszeit: 1 Stunde
Zutaten für 4 Portionen

300 g Kartoffeln, fest kochend
1 Zwiebel
2 EL Öl
100 g Berglinsen, vorgekocht (Dose)
2 Dotter
2 EL SPAR Vital Cashewkerne (oder: Macadamianüsse)
1 TL Currypulver
3 EL Petersilie, gehackt
1 Knoblauchzehe, fein gehackt
Salz
Pfeffer aus der Mühle

2 Eiklar
100 g Mandelblättchen
4–5 EL Öl zum Ausbacken
Küchenkrepp

300 g Wintersalate (Eichblatt, Radicchio, Vogerlsalat), geputzt

Marinade:
250 g Jogurt
3 EL Olivenöl
Schale von ½ Bio-Orange, abgerieben
Salz
Pfeffer aus der Mühle

Haltbar-Tipp: *Reste von geputztem, trocken geschleudertem Salat halten im Kühlschrank ein bis zwei Tage, wenn man sie in ein Sackerl gibt, das man vor dem Verschließen aufbläst.*

1 Kartoffeln in einen Topf geben, mit Wasser bedecken, salzen, weich kochen, abseihen und schälen.

2 Kartoffeln mit einer Gabel zerdrücken.

3 Zwiebel schälen und fein hacken, Öl in einer Pfanne erhitzen und Zwiebel darin glasig anrösten.

4 Linsen abschwemmen und gut abtropfen lassen.

5 Kartoffeln mit Linsen, Zwiebelröstung und Dotter in eine Schüssel geben und vermengen.

6 Nüsse grob hacken und mit Currypulver, Petersilie und Knoblauch zugeben, nochmals gut durchmengen und mit Salz und Pfeffer abschmecken.

7 Öl in einer Pfanne leicht erhitzen.

8 Aus der Masse etwa 16 kleine Laberl formen, durch das verquirlte Eiklar ziehen, in Mandelblättchen wälzen und die Laberl bei mittlerer Hitze beidseitig knusprig ausbacken; auf Küchenkrepp gut abtropfen lassen.

9 *Marinade:* Jogurt mit Olivenöl sowie Orangenschale vermengen und mit Salz und Pfeffer würzen.

10 Salat mit der Marinade locker vermengen und mit den Linsen-Kartoffel-Laberln anrichten.

Mandelsüße Energiespender

SPAR Vital Cashewkerne spenden Energie und hellen die Stimmung auf. Sie harmonieren mit Currys, exotischen Geflügelgerichten, Salaten und können Pinienkerne im Pesto ersetzen.

Bio-Berglinsengemüse mit knusprigen Blunzenscheiben

Zubereitungszeit: 40 Min
Zutaten für 4 Portionen

Linsengemüse:
120 g SPAR Vital Bio-Berglinsen
1 kleine Zwiebel
1 kleine Karotte
1 Knoblauchzehe
50 g Hamburgerspeck
2 EL Öl
¾ l Rindsuppe
1 Lorbeerblatt
⅛ l Schlagobers
1 EL Dijonsenf
1–2 EL Aceto Balsamico
Schale von ½ Bio-Zitrone, abgerieben
Salz
Pfeffer aus der Mühle
3 EL Petersilie, fein gehackt

Knusprige Blunzenscheiben:
450 g Blunze
3 EL Dijonsenf
3 EL Kren, aus dem Glas
120 g Mehl
2 Eier
250 g Semmelbrösel
120 g Butterschmalz zum Ausbacken

***Haltbar-Tipp**: Linsen und getrocknete Hülsenfrüchte sind die beste eiserne Reserve im Haus. In einem gut verschlossenen Behälter an einem kühlen, trockenen und lichtgeschützten Ort sind sie ohne Qualitätseinbußen und ohne Energieverbrauch ein Jahr und länger haltbar.*

1. ***Linsengemüse:*** Linsen waschen und gut abtropfen lassen.
2. Zwiebel, Knoblauch und Karotte schälen und alles kleinwürfelig schneiden. Speck ebenfalls in kleine Würfel schneiden.
3. Öl in einem Topf erhitzen, Zwiebel, Knoblauch und Speck darin anrösten, Karotte und Linsen zugeben, kurz mitrösten und mit Suppe aufgießen; Lorbeerblatt zugeben und die Linsen ca. 20–25 Minuten weich kochen.
4. Lorbeerblatt entfernen, Obers zugeben und 5–6 Minuten köcheln lassen; mit Senf, Aceto Balsamico, Zitronenschale sowie Salz und Pfeffer abschmecken; Petersilie untermengen.
5. ***Knusprige Blunzenscheiben:*** Blunze schälen, in 1 cm dicke Scheiben schneiden, beidseitig mit Senf und Kren bestreichen.
6. In Mehl, verquirltem Ei und Bröseln panieren.
7. Butterschmalz in einer Pfanne erhitzen und die Blunzenscheiben darin beidseitig knusprig braten; gut abtropfen lassen und mit den Linsen servieren.

Klein aber oho

Die mild-aromatischen **SPAR Vital Bio-Berglinsen** aus kontrolliert biologischem Anbau bleiben nach dem Kochen kernig und sind die beste Wahl für Linsensalate, Eintöpfe, Puffer und Gemüsegerichte.

Vitale Gerstlsuppe mit Ingwer

Haltbar-Tipp: *Reste der Ingwer-Wurzel kann man gut einfrieren, in jedem Fall geschält und klein geschnitten oder am Stück, dann wird die benötigte Menge einfach abgeraspelt. Im Gemüsefach zuvor immer in ein Tuch wickeln, und dann in einem Behälter verschließen.*

Zubereitungszeit: 50 Min
Zutaten für 4–6 Portionen

1 große Karotte
1 Stück Knollensellerie (ca. 180 g)
1 Zwiebel
20 g Ingwer
30 g Butter
80 g SPAR Vital Rollgerste
1 l Gemüsesuppe
1 Gewürznelke
⅛ l Obers
3 EL Petersilie, fein gehackt
Salz
Pfeffer aus der Mühle
Muskat, fein gerieben

1. Karotte und Sellerie schälen und beides kleinwürfelig schneiden.
2. Zwiebel schälen und kleinwürfelig schneiden.
3. Ingwer schälen und fein reiben.
4. Butter in einem Topf schmelzen, Zwiebel und Ingwer darin anrösten. Gemüsewürfel zugeben, kurz mitrösten, Rollgerste zugeben, ebenfalls kurz mitrösten, mit Gemüsesuppe auffüllen, Gewürznelke zugeben und die Suppe bei mittlerer Hitze etwa 30 Minuten köcheln lassen.
5. Obers und Petersilie zugeben und die Suppe mit Salz, Pfeffer und Muskat abschmecken; heiße Suppe in Tassen oder tiefen Tellern anrichten.

Tipp: *Eventuell zum Schluss etwas frischen Ingwer – durch die Knoblauchpresse gedrückt – zum „Nachschärfen" der Suppe.*

Traditionelles Korn: Graupen

SPAR Vital Rollgerste aus Österreich sind geschälte und polierte Gerstenkörner (Nacktgerste), die man bei uns auch Graupen nennt. Sie haben in Österreich eine lange Tradition, vor allem in Ritschert sind sie, neben Bohnen, hochdelikate Hauptdarsteller, die nachhaltig sättigen. In der modernen Küche feiern Graupen eine Renaissance in Suppen, Eintöpfen und als Reis-Alternative in Aufläufen.

Supereinfach, superschnell

Bohnen-Parmesancreme auf Knoblauchbruscetta

Zubereitungszeit: 15 Min
Zutaten für 4 Portionen

80 g junger, weicher Parmesan
200 g weiße Bohnen, aus der Dose (oder SPAR Vital Weiße Bohnen)
⅛ l Olivenöl
Saft von ½ Zitrone
Salz
Pfeffer aus der Mühle

4 Scheiben Schwarzbrot
1 Knoblauchzehe
Olivenöl zum Beträufeln
Pfeffer und Petersilie zum Bestreuen

***Restl-Tipp**: Damit lassen sich Brotreste gut und schmackhaft verwerten. Mit einer Dose Bohnen im Haus ist Bruscetta auch eine prima Idee, wenn überraschend hungrige Gäste kommen.*

1. Parmesan fein reiben.
2. Bohnen gut abtropfen lassen, mit dem Olivenöl in ein hohes Mixglas geben und fein pürieren.
3. Parmesan zugeben und nochmals gut durchmixen; mit Salz und Pfeffer abschmecken.
4. Brotscheiben toasten oder im Backrohr kurz überbacken.
5. Knoblauchzehe schälen, Brotscheiben damit einreiben und mit dem Aufstrich bestreichen; eventuell mit Olivenöl beträufeln, pfeffern und mit Petersilie bestreuen.

Wenn Zeit bleibt

Getrocknete Bohnen sind bei der Zubereitung etwas zeitaufwändiger, der Nährstoffgehalt ist allerdings höher als bei Dosenbohnen und sie haben auch mehr Biss. **SPAR Vital Weiße Bohnen** über Nacht in kaltem Wasser einweichen. Am nächsten Tag abspülen und ca. 30 Minuten lang ohne Salz kochen. Salzwasser verhindert das Weichwerden von Hülsenfrüchten. Man kann dem Wasser aber etwas Zwiebel und Knoblauch beifügen. Weiße Bohnen sind die typischen „Eintopfbohnen“, weil sie weicher und sämiger kochen, als ihre andersfarbigen Artgenossen.

Chili mit steirischen Vital-Käferbohnen

Zubereitungszeit: 2 Stunden
Zutaten für 4–6 Portionen

800 g Rindfleisch, z. B. flacher Zapfen
Pfeffer aus der Mühle
6 EL Sonnenblumenöl
2 Zwiebeln (ca. 200 g)
5 Knoblauchzehen
2 rote Paprikaschoten
1 TL Kreuzkümmel
1 TL Oregano, getrocknet
2 TL SPAR PREMIUM Bio-Chili-Paste, Edition Stekovics
2 EL Tomatenmark
450 g geschälte Tomaten samt Saft, aus der Dose
⅜ l Rind- oder Hühnersuppe
Salz
Pfeffer aus der Mühle
500 g vorgekochte SPAR Vital Käferbohnen

***Haltbar-Tipp**: Gekochte Bohnengerichte halten sich im Kühlschrank nicht sehr lange. Besser einfrieren, das hat zudem den Vorteil, dass tiefgekühlte Bohnen blähende Folgen reduzieren.*

1. Rindfleisch in ca. 1 cm große Würfel schneiden, etwas pfeffern und 30 Minuten rasten lassen.
2. Zwiebeln und Knoblauch schälen und kleinwürfelig schneiden.
3. Paprikaschoten putzen, waschen und in Würfel schneiden.
4. 4 EL Öl in einem großen Topf heiß werden lassen, das Fleisch darin in mehreren Etappen anbraten und aus dem Topf nehmen.
5. Das restliche Öl zum Bratrückstand in den Topf geben und Zwiebel sowie Knoblauch darin 4–5 Minuten anrösten.
6. Paprikawürfel, Kreuzkümmel und Oregano zugeben, 2–3 Minuten mitrösten.
7. Tomatenmark zugeben, alles gut durchrühren, kurz mitrösten, Tomaten samt Saft zugeben und alles einmal aufkochen.
8. Das angebratene Fleisch wieder zugeben, mit Suppe auffüllen, Chili-Paste zugeben mit Salz und Pfeffer würzen und bei mittlerer Hitze ca. 1 Stunde köcheln lassen; des Öfteren umrühren.
9. Die gut abgetropften Bohnen zugeben, alles nochmals abschmecken und das Chili noch einige Minuten bei geringer Hitze „ziehen lassen".

Als Beilage: Tacos

Praktisch vorgekocht

SPAR Vital Käferbohnen sind das wahrscheinlich sinnlichste Bohnenvergnügen. Fein cremig schmeichelt der Kern dem Gaumen und entfaltet zart-nussige, pfeffrige Nuancen. Vorgekocht sind sie vielseitig und rasch einsetzbar, für Salate, Suppen und Beilagen. Heiß püriert sind sie auch ein idealer Ersatz zu Maronipüree.

Gebratenes Schweinefilet mit Rosmarin und Bio-Honig

Um Qualität und Nachhaltigkeit bei Fleisch zu beurteilen, müssen verschiedenste Aspekte einbezogen werden: Tierhaltung, Fütterung, Fleischproduktion, Transportwege sowie regionale Wertschöpfung.

Zubereitungszeit: 30 Min
Zutaten für 4 Portionen

2 TANN Schweinslungenbraten (á ca. 300 g)
Salz
4 Stängel Rosmarin
1 EL grob geschroteter Pfeffer
2 EL Öl
1 Zimtstange
60 g Butter
*2 EL SPAR Natur*pur Bio-Wald- und Blütenhonig*

1. Fleisch etwa 20 Minuten vor der Zubereitung aus der Kühlung nehmen.
2. Backrohr auf 100 °C (Ober- und Unterhitze) vorheizen.
3. Nadeln vom Rosmarin abziehen, fein hacken und mit dem Pfeffer vermengen.
4. Lungenbraten salzen und mit der Rosmarin-Pfeffer-Mischung einreiben.
5. Öl in einer hitzebeständigen Pfanne erhitzen, Zimtstange zugeben, Fleisch auf allen Seiten kräftig anbraten, Butter und Honig zugeben, schmelzen lassen und das Fleisch damit mehrmals übergießen.
6. Pfanne ins Rohr geben und das Fleisch darin etwa 25–30 Minuten „ziehen lassen“ – das Fleisch sollte dann eine Kerntemperatur von ca. 68–70 °C haben (Bratenthermometer!).
7. Pfanne aus dem Rohr nehmen, Fleisch in fingerdicke Scheiben schneiden und mit dem entstandenen Saft beträufeln.

Dazu passend: Gebratene Kartoffelnudeln oder wenn es schnell gehen soll: Gebratene SPAR Feine Küche Schupfnudeln (im Kühlregal)

Regionale Frische

Seit 1963 produziert SPAR unter der Marke **TANN** selbst Fleisch und Wurstspezialitäten. Regionale Fleischqualität hat in den sechs TANN Fleischwerken in ganz Österreich absoluten Vorrang. So werden Frische und kurze Transportwege garantiert, die wertvolle bäuerliche Landwirtschaft wird unterstützt und auch die Wertschöpfung bleibt in der Region. Auf das **AMA-Gütesiegel** mit 100-prozentig österreichischer Herkunftsgarantie setzt die TANN seit 1994.

Geschmorte Zwiebeln mit Rosmarin-Parmesanfülle

Zubereitungszeit: 1 Stunde
Zutaten für 4 Portionen

*8 große SPAR Natur*pur Bio-Zwiebeln (ca. 1 kg)*
Salz
50 g Butter
4 Knoblauchzehen
1 Zweig Rosmarin
120 g Crème fraîche
⅛ l Bouillon (Würfelsuppe)
100 g Parmesan
3 Zweige Rosmarin
Salz
Pfeffer aus der Mühle
8 Scheiben Rohschinken
5 EL Olivenöl zum Beträufeln
2 Rosmarinzweige

Küchenkrepp

***Haltbar-Tipp**: Knoblauch richtig lagern ist einfach: Den Knoblauch auf einen Teller legen und für Lichtschutz und zugleich Luftzufuhr einen Ton-Blumentopf mit Loch am Boden darüber stülpen.*

1 Zwiebel schälen und in Salzwasser etwa 15 Minuten kochen. Abseihen, auf Küchenkrepp gut abtropfen und auskühlen lassen.

2 Backrohr auf 200 °C (Ober- und Unterhitze) vorheizen.

3 Mit einem scharfen Messer die Kappe von den Zwiebeln abschneiden und diese fein hacken.

4 Mit einem Kugelausstecher oder Kaffeelöffel die Zwiebeln so aushöhlen, dass ein 1 cm dicker Rand übrigbleibt. Fruchtfleisch ebenfalls fein hacken.

5 Knoblauchzehen schälen und fein hacken; Rosmarinnadeln von den Stielen ziehen und ebenfalls fein hacken.

6 Butter in einer Pfanne schmelzen, Knoblauch und Rosmarin darin kurz anrösten, gehackte Zwiebeln zugeben und kurz mitrösten. Von der Hitze nehmen, Crème fraîche, Bouillon, Parmesan und Rosmarin zugeben, gut vermengen und mit Salz und Pfeffer würzen.

7 Ausgehöhlte Zwiebeln in eine Auflaufform stellen, füllen und mit jeweils einer Schinkenscheibe umwickeln; mit Öl beträufeln, Rosmarinzweige zugeben und im Rohr auf mittlerer Schiene etwa 25 Minuten backen.

***Tipp**: Die Zwiebeln passen als Beilage zu Lamm und kurz gebratenem Rindfleisch, oder pur nur mit Fladenbrot oder Baguette.*

Duftendes Immergrün

SPAR Natur*pur Bio-Rosmarin überwintert wunderbar in hellen, frostfreien Räumen, auch auf der Fensterbank in der Küche.

Zwiebelsuppe mit Käsecroutons

Zubereitungszeit: 35 Min
Zutaten für 4 Portionen

*6 SPAR Natur*pur Bio-Zwiebeln (ca. 800 g)*
3 Knoblauchzehen
50 g Butter
2 EL Olivenöl
1 EL Kristallzucker
¼ l Weißwein
2 Lorbeerblätter
3 Stängel Thymian
5 Pfefferkörner
1 l Hühner- oder Gemüsesuppe
Salz
Pfeffer aus der Mühle

12 Scheiben Baguette (1–2 cm dick)
*120 g SPAR Natur*pur Bio-Emmentaler aus Bergbauern Heumilch*
1 Dotter
Pfeffer aus der Mühle

Backtrennpapier

Profi-Tipp: *Zwiebeln immer mit einem scharfen Messer schneiden (setzt weniger Dämpfe frei) und sobald sie geschnitten sind, sofort verwenden. Zwiebeln oxidieren sehr schnell und verlieren ihr Aroma, der Saft kann bitter werden.*

1 Zwiebel schälen, halbieren und in feine Streifen schneiden. Knoblauch schälen und grob hacken.

2 Butter und Öl in einem Topf erhitzen, Zwiebel und Knoblauch darin bei mittlerer Hitze ca. 5 Minuten anrösten.

3 Zucker zugeben, kurz mitrösten, mit Weißwein ablöschen, etwas einkochen lassen, Lorbeer, Thymian sowie Pfefferkörner zugeben, mit Suppe aufgießen und ca. 20 Minuten kochen lassen.

4 Backrohr auf 220 °C (Ober- und Unterhitze) vorheizen.

5 Käse reiben, mit Dotter vermengen, Baguettescheiben damit bestreichen, auf ein mit Backtrennpapier ausgelegtes Backblech geben und auf mittlerer Schiene etwa 7 Minuten überbacken.

6 Suppe mit Salz und Pfeffer abschmecken, Gewürze entfernen, in Tassen füllen und jeweils 2 Baguettescheiben in die Suppe legen; sofort servieren.

Bio-Heumilchkäse mit Tradition

Der exquisite **SPAR Natur*pur Bio-Emmentaler** aus Bergbauern Heumilch ist in Bedienung und damit auch rezeptgenau erhältlich. Er wird ganz traditionell in Tirol gekäst. 37 Bergbauern liefern dafür täglich ihre beste Heumilch von Kühen, die ausschließlich mit saftigen Gräsern und Kräutern, sonnengetrocknetem Heu sowie mineralstoffreichem Getreideschrot aus biologischer Landwirtschaft gefüttert werden.

Bio-Tarte mit roten Zwiebeln und Camembert

*Von SPAR Natur*pur gibt es auch Bio-Blätterteig aus 100 % biologischen Zutaten, natürlich frisch und fertig im Kühlregal.*

Zubereitungszeit: 1 Stunde
Zutaten für 4 Portionen

*6 rote SPAR Natur*pur Bio-Zwiebeln (ca. 600 g)*
50 g Butter
Salz
Pfeffer aus der Mühle
*1 Platte SPAR Natur*pur Bio-Blätterteig (ca. 330 g)*
*120 g SPAR Natur*pur Bio-Camembert*
½ TL Thymian, getrocknet
Olivenöl zum Beträufeln

Backtrennpapier

1. Zwiebeln schälen, halbieren und ca. 1 cm breite Spalten schneiden.
2. Butter in einer Pfanne schmelzen, Zwiebeln darin anbraten, salzen und bei geringer Hitze weich schmoren; pfeffern und überkühlen lassen.
3. Backrohr auf 200 °C (Ober- und Unterhitze) vorheizen.
4. Backblech mit Backtrennpapier auslegen, Blätterteigplatte darauf legen und mit einer Gabel mehrmals einstechen.
5. Zwiebeln auf dem Teig verteilen – einen ca. 2 cm breiten Rand aussparen – Käse in Scheiben schneiden, ebenfalls auf dem Teig verteilen und im Rohr auf mittlerer Schiene etwa 20 Minuten backen.
6. Tarte mit Thymian und Pfeffer bestreuen und eventuell mit etwas Olivenöl beträufeln; in Quadrate schneiden und am besten lauwarm zu einem Glas Rotwein servieren.

Aus dem Ländle

SPAR Natur*pur Bio-Camembert ist ein von Hand, sorgfältig gekäster feiner Camembert mit weißem Edelschimmel. Hergestellt aus kontrolliert biologischer Milch aus dem Leiblachtal, auf 1000 m Seehöhe in Vorarlberg. Der Geschmack ist delikat und der Teig ist je nach Reifung im Kern leicht topfig bis cremig-weich.

Einfache Knoblauch-Spaghetti, laktosefrei

Zubereitungszeit: 40 Min
Zutaten für 4 Portionen

1 große Knolle Knoblauch (ca. 80 g)
¼ l SPAR free from Vollmilch
300 g SPAR free from Crème fraîche
2 EL Olivenöl
2 EL Petersilie, fein gehackt
Salz
Pfeffer aus der Mühle

*650 g SPAR Natur*pur Bio-Pasta Spaghetti*

Restl-Tipp: *Ein schönes Rezept zum Knoblauch weg kochen. Monatelang haltbar wird Knoblauch als Paste: Knollen in Folie bei 200 °C backen, ausdrücken, mit Salz und Olivenöl vermischen, im Schraubglas kühl stellen. Verwendbar wie gepresster Knoblauch.*

1 Knoblauchknolle in Zehen zerteilen und schälen.

2 Milch mit den Knoblauchzehen in einen Topf geben und den Knoblauch bei mittlere Hitze darin weich kochen.

3 Weiche Knoblauchzehen in der Milch mit einer Gabel zerdrücken, Crème fraîche und Olivenöl zugeben, alles nochmals unter ständigem Rühren erhitzen, Petersilie zugeben und die Sauce mit Salz und Pfeffer würzen.

4 Pasta in reichlich Salzwasser bissfest kochen, abseihen, mit der Sauce vermengen und 2–3 Minuten darin „ziehen lassen".

Laktosefreie Milchprodukte

Die **SPAR free from laktosefreie Crème fraîche** besteht aus pasteurisiertem Rahm mit 32 % Fett, ist ohne Gentechnik, trägt das AMA-Gütesiegel, ist wieder verschließbar und wird in Österreich hergestellt. **SPAR free from Milchprodukte** sind auch eine gute Idee für all jene, die den Milchzucker ab und zu reduzieren möchten.

Extrem aromatisch, für Gäste

Flaches Gewürzhuhn mit Bio-Schalotten

Restl-Tipp: *Wenn man das Rückgrat vom Huhn entfernt, gart es gleichmäßiger und schneller. Das spart Zeit und Energie. Rückgrat einfrieren und in der nächsten Hühnersuppe mit kochen.*

Zubereitungszeit: 1 Stunde
Zutaten für 4 Portionen

1 großes, küchenfertiges Huhn, ca. 1,40 kg

Marinade:
1 EL Korianderkörner
1 TL Paprikapulver
1 TL Kurkuma
Messerspitze Zimt
⅛ l Olivenöl
1 EL Zitronensaft
1 EL SPAR PREMIUM Bio-Chili-Paste, Edition Stekovics
3 EL Petersilie, gehackt
Salz
10 Schalotten
*1 SPAR Natur*pur Bio-Orange*
Öl fürs Backblech

1 Rückgrat vom Huhn wegschneiden. Dazu das Huhn mit der Brustseite auf die Arbeitsfläche legen und links und rechts vom Rückgrat mit einer Geflügel- oder Küchenschere durchschneiden. So lässt sich das Rückgrat leicht herauslösen.

2 *Marinade:* Korianderkörner in einen Mörser geben, zerdrücken und in eine kleine Schüssel geben. Paprikapulver, Kurkuma und Zimt zugeben und gut vermengen. Olivenöl, Zitronensaft und Chili-Paste sowie Petersilie ebenfalls untermengen und die Marinade etwas salzen.

3 Huhn zur Gänze mit der Marinade einreiben, in eine Schüssel legen und zugedeckt 2–3 Stunden kalt stellen.

4 Backrohr auf 160 °C (Ober- und Unterhitze) vorheizen.

5 Schalotten schälen, eventuell halbieren. Orangen vierteln.

6 Huhn flach – mit der Brust nach oben – auf ein leicht befettetes Backblech legen, Schalotten und Tomaten zugeben und alles im Rohr bei 160 °C etwa 50 Minuten backen. Hinweis: Während des Bratens des Öfteren mit dem Bratensaft übergießen.

7 Huhn in Portionen teilen und auf vorgewärmten Tellern anrichten.

Dazu passend: Cous-Cous oder Basmatireis

Natur, von der Schale bis zum Kern

SPAR Natur*pur Bio-Orangen dürfen weder mit chemischen Pestiziden gespritzt werden noch darf die Schale nachträglich mit Konservierungsmitteln behandelt werden.
Bitte beachten: „Unbehandelt" bedeutet bei Zitrusfrüchten nicht Bio, sondern nur, dass die Schale nicht konserviert wurde.

Bio-Penne mit Kohl und Kartoffeln

Zubereitungszeit: 40 Min
Zutaten für 4 Portionen

250 g Kartoffeln, fest kochend

300 g Kohlblätter
3 EL Olivenöl
4 Knoblauchzehen
1 kleine Chilischote
¼ l Gemüsesuppe
Salz
Pfeffer aus der Mühle

*400 g SPAR Natur*pur Bio-Pasta Penne Rigate*
Salz
4 EL Olivenöl

Geriebenen Parmesan zum Bestreuen (ca. 60 g)

Saison-Tipp: *Kohl hat von November bis März seine Hochsaison, da er erst durch das natürliche „Schockfrosten" auf dem Feld seinen Zuckergehalt steigert und so seinen charakteristischen herb-süßen Geschmack entfaltet.*

1 Kartoffeln schälen und in 1 cm große Würfel schneiden.

2 Kohlblätter waschen, dicken Strunk herausschneiden und in ca. 1 cm breite Streifen schneiden.

3 Knoblauch schälen und fein hacken.

4 Öl in einem Topf erhitzen, Knoblauch darin anrösten, Kohlblätter zugeben, etwas salzen und kurz mitrösten.

5 Kartoffeln zugeben, mit Gemüsesuppe aufgießen, ganze Chilischote zugeben, nochmals mit Salz und Pfeffer abschmecken und alles zugedeckt etwa 30 Minuten dünsten; eventuell etwas Suppe zufügen.

6 Penne in reichlich Salzwasser bissfest kochen, abseihen, zum Kohl-Kartoffelgemüse geben, alles gut vermengen, Olivenöl zugeben, eventuell nochmals nachwürzen und alles bei geringer Hitze etwa 5 Minuten durchziehen lassen.

7 Pasta auf vorgewärmten Tellern heiß anrichten, Parmesan darüber reiben und servieren.

Schrägschnitt mit Rillen

SPAR Natur*pur Bio-Pasta Penne Rigate aus 100 % biologischen Zutaten verbinden sich dank der geriffelten Oberfläche ideal mit sämigen Saucen. Klassisch und mit Vollkorn-Dinkelgrieß erhältlich.

Asiatische Krautsuppe mit Reisnudeln und Sesamöl

Haltbar-Tipp: *Zum Einlagern von Weißkraut-Vorräten ist ein kühler, dunkler und luftiger Kellerraum oder Dachboden empfehlenswert. Ideal ist es, wenn man die Krautköpfe in Netzen aufhängt.*

1 Kraut putzen, Strunk entfernen und in sehr feine Streifen schneiden. Karotte putzen und in feine Streifen schneiden.

2 Öl in einem großen Topf erhitzen, Kraut darin anrösten, mit Fond und Wasser aufgießen, etwas salzen.

3 Knoblauch schälen, in dünne Scheiben schneiden, zur Suppe geben und diese ca. 30 Minuten köcheln lassen.

4 Suppe mit Sojasauce, Gewürz, sowie Chili-Paste würzen.

5 Ingwer schälen, in dünne Scheiben schneiden und ebenfalls zur Suppe geben.

6 Reisnudeln in eine Schüssel geben, mit kochendem Wasser übergießen, 5–6 Minuten „ziehen lassen", abseihen und zur Suppe geben.

7 Suppe nochmals mit Salz und Pfeffer abschmecken, Sesamöl und Koriander zugeben und heiß servieren.

Zubereitungszeit: 50 Min
Zutaten für 4–6 Portionen

½ Bio-Krautkopf (ca. 400 g)
1 große Karotte
3 EL Öl
500 ml SPAR PREMIUM Geflügelfond, Edition Johanna Maier
250 ml Wasser
Salz

4 Knoblauchzehen
⅛ l Sojasauce
1 EL SPAR PREMIUM Asia WOK Zauber
1 TL SPAR PREMIUM Bio-Chili-Paste, Edition Stekovics
1 cm frischer Ingwer
Pfeffer aus der Mühle
3–4 EL Sesamöl
3 EL Koriandergrün, fein gehackt

120 g Reisnudeln

Die edle Basis

Es heißt, ein guter Fond ist jene Zutat, die Hobbyköche an das Level von Profis heranrücken lässt. Der **SPAR PREMIUM Geflügelfond** wurde von Haubenköchin Johanna Maier perfektioniert. Er ist edle Basis für Suppen und Saucen, unterstützt Geflügel-, Curry- und Wok-Gerichte, verstärkt Fischsaucen und rundet auch Gemüse ab.

Bauernknödel-Gröstl

Zubereitungszeit: 15 Min
Zutaten für 2 Portionen

1 rote Zwiebel
4 getrocknete Tomaten, in Öl eingelegt
180 g geräucherter Landkarreespeck oder Pancetta
3 fertige Semmelknödel, aus eigener Küche oder von SPAR Feine Küche
2 EL Öl
2 EL Butter
1 Stamm Rosmarin
Salz
Pfeffer aus der Mühle
2 Eier
60 g Bergkäse
Petersilie, grob gehackt

Das „Gröstl" ist ein typisches ländliches Restlessen, das mit Knödeln genauso wie mit Nudeln, Kartoffeln oder Nockerln schmeckt.

1. Zwiebel schälen, halbieren und in dünne Streifen schneiden.
2. Tomaten gut abtropfen lassen und in feine Streifen schneiden; Karreespeck oder Pancetta ebenfalls in Streifen schneiden.
3. Knödel in 1 cm dicke Scheiben schneiden und dann vierteln.
4. Öl in einer Pfanne erhitzen, Butter darin schmelzen, Zwiebel darin anrösten, Tomaten und Speck zugeben, kurz mitrösten, dann die Knödelstücke zugeben und unter mehrmaligem Wenden braten.
5. Rosmarinnadeln vom Stiel ziehen, grob hacken, zu den Knödeln geben und mit Salz und Pfeffer würzen.
6. Bergkäse grob reiben.
7. Eier mit der Hälfte des Käses verquirlen, etwas salzen, über die Knödel gießen und alles 2–3 Minuten bei geringer Hitze stocken lassen.
8. Knödel anrichten und mit dem restlichen Käse und Petersilie bestreuen.

Zeiteffiziente Alltagsküche

Falls nach einem arbeitsreichen Tag nur wenige Zeit zum Kochen bleibt, hilft SPAR Feine Küche dabei, die Kochprozesse abzukürzen. Mit den feinen, tiefgekühlten **SPAR Feine Küche Semmelknödel** kann man geschickt improvisieren und schnell etwas Schmackhaftes von der Pfanne auf den Tisch zaubern.

Orangen-Feigensalat mit Büffelmozzarella und krosser Salami

Zubereitungszeit: 30 Min
Zutaten für 4 Portionen

Salat:
1 Fenchelknolle (ca. 180 g)
Salz
4 Orangen
4 vollreife Feigen

2 DESPAR PREMIUM Mozzarella di Bufala

Marinade:
100 ml Balsamicoessig
5 EL Olivenöl
Salz
Pfeffer aus der Mühle

Krosse Salami:
150 g Salami, dünn aufgeschnitten
2–3 EL Olivenöl zum Braten

Haltbar-Tipp: *Wenn etwas Mozzarella überbleibt, hält er in einer Schüssel mit Milch bedeckt noch gut 2–3 Tage frisch. Besser und ca. 14 Tage schützt Salzlake: ⅓ abgekochtes Wasser, ⅔ abgekochte Molke und 6 % Salz.*

1 *Salat:* Fenchel putzen, der Länge nach halbieren, in dünne Streifen schneiden, salzen, gut vermengen und 10 Minuten „ziehen lassen".

2 Orangen mit einem kleinen Messer großzügig schälen, halbieren und in ½ cm dicke Scheiben schneiden.

3 Feigen waschen, trocken tupfen und vierteln.

4 Salatzutaten locker miteinander vermengen, auf einer Platte anrichten, Mozzarella in Stücke schneiden und ebenfalls auf der Platte verteilen.

5 *Marinade:* Alle Zutaten in eine Schüssel geben, gut verrühren und den Salat damit beträufeln.

6 *Krosse Salami:* Etwas Olivenöl – am besten in einer beschichteten Pfanne – erhitzen und die Salamischeiben darin knusprig braten; gut abtropfen lassen und noch warm über dem Salat verteilen.

Büffelmozzarella

Unverwechselbar in Geschmack und Konsistenz. Der Mozzarella di Bufala Campana D.O.P darf nur in bestimmten Regionen Süditaliens hergestellt werden. Das feine Aroma des **DESPAR PREMIUM Mozzarella**, sein angenehm säuerlicher Geschmack und seine samtig-weiche Konsistenz sind heute noch genau wie damals, als der Käse noch von Büffelhirten hergestellt wurde.

Nachhaltig gezüchteter Bio-Orangenlachs mit geschmortem Fenchel

Zubereitungszeit: 50 Min
Zutaten für 4 Portionen

Geschmorter Fenchel:
*2 SPAR Natur*pur Bio-Fenchelknollen*
3 EL Olivenöl
Salz
⅛ l Weißwein
⅛ l Gemüsesuppe
Schale von ½ Bio-Orange, dünn abgerieben
1 TL rosa Pfefferkörner
Pfeffer aus der Mühle

Orangenlachs:
120 g Butter
1 TL körniger Senf
1 TL grober Pfeffer
Schale von ½ Bio-Orange, abgerieben
Salz
8 Bio-Lachsfilets, ohne Haut (á ca. 80 g)

Klarsichtsfolie

Haltbar-Tipp: *Orangensaft kann man gut einfrieren, auch portionsweise in Eiswürfelsäckchen, etwa für Punsch, Tee oder Marinaden. Im Winter gibt es auch die besten Früchte für Orangenmarmelade.*

1 *Geschmorter Fenchel:* Fenchel putzen, halbieren, Strunk herausschneiden und in feine Streifen schneiden.

2 Öl in einer Pfanne leicht erhitzen, Fenchel darin anbraten; salzen, mit Weißwein ablöschen und einkochen lassen; Gemüsesuppe zugeben, Hitze reduzieren und den Fenchel zugedeckt 6–8 Minuten schmoren; Deckel abnehmen und die Flüssigkeit zur Gänze einkochen lassen. Orangeschalen und Pfefferkörner zugeben und nochmals mit Salz und Pfeffer abschmecken.

4 *Orangenlachs:* Backrohr auf 80 °C (Ober- und Unterhitze) vorheizen.

5 Weiche Butter mit Senf glatt rühren, Pfeffer und Orangeschalen zugeben und mit Salz abschmecken.

6 Lachsfilets trocken tupfen, beidseitig mit der Orangenbutter bestreichen, in eine Auflaufform legen, mit Klarsichtsfolie abdecken und im Rohr ca. 30–35 Minuten (je nach Dicke des Fleisches) „glasig" garen.

7 Fenchel eventuell nochmals erwärmen, in tiefen Tellern anrichten, Lachsfilets darauf setzen und mit der Orangenbutter aus der Form beträufeln.

Bester Bio-Lachs aus Norwegen

Die **SPAR Natur*pur Bio-Lachsfilets** werden in norwegischen Fjorden (Romsdalsfjord und Froya) unter kontrollierten Bedingungen in ökologischer Aquakultur gezüchtet. Die strengen Richtlinien für die Aufzucht von Bio-Lachs sorgen für beste Fischqualität. Garantiert Gentechnikfrei!

Winterwurzel-Bandnudeln mit Haselnüssen

Zubereitungszeit: 30 Min
Zutaten für 4 Portionen

1 Stange Lauch
*150 g SPAR Natur*pur Bio-Pastinaken*
100 g Selleriewurzel
150 g gelbe Rüben
4 EL Butter
Salz
⅛ l Gemüsesuppe
⅛ l Schlagobers
Pfeffer aus der Mühle
4 EL Petersilie, gehackt

400 g SPAR PREMIUM breite Bandnudeln
Salz

4 EL Haselnusskerne, grob gehackt
60 g Parmesan

Wurzeln lagern als „Speicherorgan" nicht nur besonders viele Nährstoffe ein, sondern auch alles andere, was der Boden zu bieten hat. Bio-Qualität ist in jedem Fall frei von Chemikalien.

1 Lauch putzen (dunkles Blattgrün wegschneiden), waschen und in dünne Scheiben schneiden.

2 Pastinake, Sellerie und gelbe Rüben schälen und durch die grobe Seite der Küchenreibe raspeln – oder in feine Streifen schneiden.

3 Butter in einem Topf schmelzen, Lauch darin anrösten, geraspeltes Gemüse zugeben, salzen und 3–4 Minuten anrösten.

4 Gemüse mit Suppe aufgießen, Hitze reduzieren und ca. 10 Minuten „schmurgeln" lassen.

5 Wenn die ganze Flüssigkeit verkocht ist, Obers zugeben, noch mal salzen, pfeffern und Petersilie zugeben.

6 Bandnudeln in reichlich Salzwasser bissfest kochen, abseihen – ca. ⅛ l Kochwasser auffangen – mit der Wurzelgemüsemasse vermengen, Kochwasser zugeben und kurz ziehen lassen.

8 Bandnudeln in tiefen Tellern anrichten, mit den Nüssen bestreuen und Parmesan darüber reiben.

Urgemüse neu entdeckt

SPAR Natur*pur Bio-Pastinaken sind ein typisches altes Wintergemüse. Sie siedeln sich geschmacklich zwischen Petersilie und Sellerie an. Ihr nussig-süßlicher Geschmack verleiht Gemüsepfannen und Suppen ein vollmundiges Aroma. Man kann sie wie Kartoffelpüree zubereiten. Geraspelte Pastinaken passen – ähnlich wie beim Karottenkuchen – auch in eine süße Torte.

Deftiger Sauerkrauteintopf mit geräuchertem Bio-Tofu

Ein Klimafreund! *Sauerkraut ist nicht nur Vitamin-C-Lieferant und natürliches Probiotikum. Es wird durch Milchsäuregärung konserviert, ohne Einwirkung von Kälte oder Hitze und damit ohne Energieverbrauch.*

Zubereitungszeit: 1 Stunde 20 Minuten
Zutaten für 4 Portionen

- 500 g SPAR Vital mildes Sauerkraut
- 100 g Selchspeck
- 2 Zwiebeln
- 2–3 Knoblauchzehen
- 1 EL Tomatenmark
- 2 EL Paprikapulver
- 1 EL Kristallzucker
- ⅛ l Weißwein
- ⅜ l Rindsuppe
- 1 Lorbeerblatt
- 3 Pfefferkörner
- 1 TL Kümmelsamen
- 400 g kleine Kartoffeln, fest kochend
- Salz
- Pfeffer aus der Mühle

- 300 g SPAR Veggie Bio-Tofu geräuchert (oder Dürre-Wurst)
- 2 EL Öl zum Braten
- 1 Becher Sauerrahm

1. Kraut waschen und gut ausdrücken.
2. Speck kleinwürfelig schneiden.
3. Zwiebel und Knoblauch schälen und beides kleinwürfelig schneiden.
4. Öl in einem breiten Topf erhitzen, Speck darin anrösten, Zwiebel und Knoblauch zugeben, kurz mitrösten, Tomatenmark zugeben, Paprikapulver und Zucker beifügen, gut durchrühren und mit Wein ablöschen; einmal aufkochen, Suppe, Lorbeerblatt, Pfefferkörner und Salz zugeben, alles einmal aufkochen lassen, Kraut beigeben und bei mittlerer Hitze ca. 30 Minuten kochen.
5. Kartoffeln schälen, halbieren, zum Kraut geben, mit Salz und Pfeffer abschmecken und den Eintopf noch 30 Minuten „schmurgeln" lassen.
6. Tofu in Würfel (oder Wurst in Scheiben) schneiden.
7. Öl in einer beschichteten Pfanne erhitzen, Tofu oder Wurst kurz beidseitig anbraten, kurz vor dem Servieren unter den Eintopf mengen, eventuell nochmals nachwürzen und mit jeweils 1 EL Sauerrahm anrichten.

Geschmack aus Österreich

SPAR Veggie Bio-Tofu aus 100 % gentechnikfreien, österreichischen Bio-Sojabohnen gibt es auch als herzhafte Variante. Dazu wird der Tofu traditionell über Buchenholzspänen geräuchert. Eine schmackhafte, eiweißreiche Wurst-Alternative für Eintöpfe und Suppen. Herkunftsgarantie: Tracking-Code auf der Verpackungsrückseite auf www.spar.at eingeben und erfahren, von welchem Bio-Bauern der Tofu kommt.

Geschmorter Rindsbraten
mit Nelkenaroma und Vital-Kletzen

Zubereitungszeit: 5 Stunden
+ Marinierzeit: 12 Stunden
Zutaten für 4–6 Portionen

1 kg Schulterscherzel
4 SPAR Vital Dörrbirnen aus der Steiermark (Kletzen)
1 l kräftiger Rotwein
6 Gewürznelken
1 kleine Zimtstange
2 daumengroße Stücke Bio-Orangenschale

3 EL Olivenöl zum Einreiben
Salz
Pfeffer aus der Mühle
1 Karotte
1 Zwiebel
80 g Stangensellerie
4 EL Olivenöl
120 g SPAR Vital Tomatenmark, dreifach konzentriert

Restl-Tipp: *Die weichen, energiegeladenen Dörrbirnen (Hirschbirnen) sind pur ein Genuss, passen zur Käsejause, süßen den Topfenstrudel, schmecken in Wildsaucen und füllen den Schweinebraten.*

1 Fleisch in eine Schüssel legen, mit Wein übergießen.

2 Kletzen der Länge nach vierteln.

3 Gewürznelken, Zimtstange und Orangenschale sowie die Kletzen zum Fleisch geben und mindestens 12 Stunden oder über Nacht marinieren.

4 Fleisch aus der Marinade nehmen und gut abtrocknen. Mit Öl bestreichen und mit Salz und Pfeffer würzen.

5 Karotten und Zwiebel schälen und kleinwürfelig schneiden.

6 Sellerie waschen und kleinwürfelig schneiden.

7 Öl in einem Bräter oder einer großen Kasserolle erhitzen und das Fleisch rundherum anbraten; aus dem Bratgeschirr nehmen.

8 Geschnittenes Gemüse im Bratrückstand kurz anrösten. Tomatenmark zufügen, alles gut durchrühren, mit ⅜ l der Beize aufgießen, das angebratene Fleisch zugeben und alles zugedeckt im Rohr bei 140 °C (Ober- und Unterhitze) etwa 4 ½ Stunden schmoren.

9 Das Fleisch etwa 20 Minuten in der Sauce rasten lassen. Anschließend in etwa ½ cm dicke Tranchen schneiden und mit der Sauce sowie den Kletzen und dem Schmorgemüse auf vorgewärmten Tellern anrichten.

Dazu passend: Kartoffelknödel

Die Wellness-Birne aus der Steiermark

Die „Kletzen" der **SPAR Vital Dörrbirnen** sind frische Hirschbirnen aus Österreich, vollreif gepflückt und im Ganzen getrocknet. Dadurch und durch das moderne Schon-Trocknungsverfahren bleiben der hohe gesundheitliche Energiewert, Nährstoffe, Fruchtaromen, Saftigkeit und wunderbare Weichheit zum Großteil erhalten. Eine kulinarische Besonderheit.

Karfiol in Curry-Sesam-Backteig mit Walnuss-Dip

Zubereitungszeit: 30 Min
Zutaten für 4 Portionen

Walnuss-Dip:
200 g Topfen (40 %)
2 EL Crème fraîche
4 EL Walnussöl
Spritzer Zitronensaft
Salz
Pfeffer aus der Mühle

1 Karfiolkopf
Salz

Backteig:
200 g Mehl (glatt)
½ TL Backpulver
Prise Salz
2 EL Currypulver
*5 EL SPAR Natur*pur Bio-Sesam (oder auch SPAR PREMIUM Sesam-Mandel-Kruste)*
1 TL SPAR PREMIUM Chili-Paste, Edition Stekovics
½ TL Kreuzkümmelsamen oder Kümmel
¼ l Weißwein
2 Eier

Mehl zum Wälzen
Öl zum schwimmend Ausbacken

Küchenkrepp

Haltbar-Tipp: *Karfiol schmeckt frisch am besten. 1–2 Tage kann er kühl und lichtgeschützt gelagert werden, um der Bildung von Flecken vorzubeugen. Zum längeren Lagern blanchieren, in Eiswasser abschrecken und einfrieren.*

1 *Walnuss-Dip:* Topfen mit Crème fraîche und Walnussöl glatt rühren, mit Salz, Pfeffer und Zitronensaft abschmecken und zugedeckt kalt stellen.

2 Karfiol in grobe Röschen teilen und in reichlich Salzwasser etwa 2–3 Minuten blanchieren; abseihen, kalt abschwemmen und gut abtropfen lassen.

3 *Backteig:* Mehl mit Backpulver, Prise Salz und Currypulver in eine Schüssel sieben, Sesamsamen, Kreuzkümmelsamen sowie Chili-Paste zugeben, ganze Eier zufügen, Wein darüber gießen und alles zu einem glatten Teig verrühren.

4 Öl in einem Topf erhitzen.

5 Karfiolröschen in Mehl wenden, durch den Backteig ziehen und im heißen Öl knusprig ausbacken; auf Küchenkrepp gut abtropfen lassen und mit dem Walnuss-Dip anrichten.

Sesam öffne dich!

SPAR Natur*pur Bio-Sesam verwandelt süße und pikante Rezepte in kleine Delikatessen, etwa zum Bestreuen von Salat, Brot, Strudel- und Blätterteig, für Backteig und Panier und viele asiatische Gerichte. Harmoniert auch mit Honig und Vanilleeis. Vorsichtig, ohne Fett in der Pfanne geröstet, entfaltet er sein unvergleichlich nussiges Aroma. Kühl und trocken in verschließbaren Dosen lagern.

Bio-Blätterteigschnecken mit Kartoffelfülle und Vital-Sardinencreme

Zubereitungszeit: 50 Min
Zutaten für ca. 16 Stück

250 g Bio-Kartoffeln, mehlig
50 g Butter
2 Bund Schnittlauch, fein geschnitten
1 Dotter
Salz
Pfeffer aus der Mühle
Cayennepfeffer
*2 Packungen SPAR Natur*pur Bio-Blätterteig (ca. 330 g)*
1 Dotter
4 EL Sesamsamen zum Bestreuen

Sardinencreme:
1 Dose SPAR Vital Sardinen, MSC, (ca. 6 Filets)
⅛ l Sauerrahm
⅛ l Crème fraîche
1 EL Estragonsenf
1 EL grüne Pfefferkörner, eingelegt
Salz
Pfeffer aus der Mühle
1 EL Petersilie, fein gehackt

Backtrennpapier

***Restl-Tipp**: Blätterteigreste nie verkneten. Er verliert dann seine Struktur und geht nicht mehr auf. Aufeinanderlegen und erneut ausrollen. Aus kleinen Restln Knuspergebäck backen: mit Dotter-Wasser-Gemisch (2:1) bestreichen, mit Parmesan, Sesam, Mohn oder Kümmel bestreuen.*

1. Kartoffeln in einen Topf geben, mit Wasser bedecken, weich kochen, abseihen und noch heiß durch die Kartoffelpresse drücken; weiche Butter zufügen und gut durchmischen; überkühlen lassen.
2. Schnittlauch und Dotter zugeben, salzen und würzen.
3. Aufgetauten Blätterteig mit der Masse bestreichen, von der Längsseite her eng einrollen, rund herum mit Eigelb bestreichen sowie mit Sesam bestreuen und etwa 20 Minuten in den Tiefkühler legen.
4. Backrohr auf 220 °C (Ober- und Unterhitze) gut vorheizen.
5. Die Teigrolle in etwa 1 ½ cm breite Stücke schneiden und die Schnecken auf ein mit Backtrennpapier ausgelegtes Backblech legen.
6. Schnecken im Rohr auf mittlerer Schiene im gut heißen Rohr ca. 25 Minuten backen. Ist die Temperatur zu niedrig, geht der Teig nicht schön auf.
7. *Sardellencreme:* Sardellen in eine Schüssel geben und mit der Gabel zerdrücken. Mit Sauerrahm, Crème fraîche und Senf verrühren.
8. Pfefferkörner grob hacken, zufügen, mit Salz und Pfeffer abschmecken und die Petersilie untermengen.
9. Blätterteigschnecken am besten lauwarm mit der Sardinencreme servieren.

Aus nachhaltigem Fischfang

SPAR Vital Sardinen ohne Haut und ohne Gräten in nativem Olivenöl tragen das MSC-Siegel und werden auch vom WWF empfohlen.

Grießstrudel im Filoteig mit Rum-Hollerkompott

Zubereitungszeit: 1½ Std
Zutaten für 6 Portionen

1 l Milch
Prise Salz
100 g Zucker
3 TL Vanillezucker
*100 g SPAR Natur*pur Bio-Weizengrieß*
50 g Butter
Schale von 1 Bio-Zitrone, abgerieben
2 Eier

5 Filoteigblätter (120 g)
100 g Butter zum Bestreichen

1 Packung Hollerkompott
4 cl Rum

Zimtzucker zum Bestreuen

Haltbar-Tipp: *Grieß in luftdichten Behältern kühl und trocken lagern, dann ist er monatelang haltbar. Grieß ist vielseitig, sättigend, preiswert und gesund.*

1. Milch mit Salz, Zucker und Vanillezucker in einem breiten Topf einmal aufkochen lassen, Hitze reduzieren, Grieß zugeben und die Grießmasse unter mehrmaligem Umrühren ca. 10 Minuten köcheln lassen. Topf von der Hitze nehmen und Butter sowie Zitronenschale unterrühren.
2. Eier trennen, Dotter unter die heiße Grießmasse rühren.
3. Eiklar zu festem Schnee aufschlagen und ebenfalls unter die noch warme Grießmasse heben.
4. Backrohr auf 180 °C (Ober- und Unterhitze) vorheizen.
5. Butter schmelzen.
6. Eine Backform (ca. 25 x 20 cm) mit reichlich Butter ausstreichen, ein Filoteigblatt so in die Form legen, dass der überstehende Teig über den Formrand ragt, zur Gänze (auch den Teig, der über die Form ragt) mit Butter bestreichen und mit den restlichen Teigblättern genauso verfahren.
7. Grießmasse einfüllen, überstehende Teigränder über die Grießmasse klappen, nochmals mit Butter bestreichen und im Rohr ca. 1 Stunde auf mittlerer Schiene backen (eventuell nach ⅔ der Backzeit mit Alufolie abdecken).
8. Hollerkompott mit Rum abschmecken.
9. Pastete mit Zimtzucker bestreuen, kurz rasten lassen, in Portionen schneiden und mit dem Hollerkompott anrichten.

Leise rieselt der Bio-Grieß

Mit **SPAR Natur*pur Bio-Weizengrieß** aus kontrolliert biologischer österreichischer Landwirtschaft gelingen z. B. Grießnockerl, Grießknödel und Suppen besonders gut.

Teelikatessen aus der Tasse:
SPAR Natur*pur Bio-Tee
*SPAR Natur*pur Bio-Tees sind „Naturtalente" die Vitalkraft spenden. Pflanzen, die ohne Pestizide groß werden müssen, bilden mehr Schutzfaktoren um sich gegen Umwelteinflüsse zu wehren. Diese erhöhte Schutzwirkung kommt auch dem Menschen zugute, der sie genießt. Biologische Tees bedeuten Qualitätssicherheit. Sie sind garantiert naturbelassen, geprüft und mehrfach streng kontrolliert.*

©be la-Artworks, fotolia

©Kathleen Rekowski, Fotolia

Süßer Bio-Energy-Snack
*SPAR Natur*pur Bio-Trockenfrüchte sind ungeschwefelt und ungezuckert und kommen garantiert aus biologischem Anbau. Sie sind der ideale mineralstoffreiche Energiespender für zwischendurch und im Müsli oder anderen Süßspeisen eine aromatische und natürliche Zuckeralternative.*

Obst neu genießen:
SPAR Vital Knabberfrüchte
Ein neues Fruchtveredelungsverfahren verwandelt frische Früchte in aller Natürlichkeit in eine vitaminreiche, kalorienarme und geschmacksintensive Knusper-Knabberei. SPAR Vital Knabberfrüchte enthalten weder Zuckerzusatz noch irgendwelche Zusätze wie Aroma-, Farb- oder Konservierungsstoffe.

Mohnstangerl mit Powidlfülle

Zubereitungszeit: 1½ Std
Zutaten für ca. 40 Stangerl

Mohnmürbteig:
*225 g SPAR Natur*pur Bio-Weizen Mehl (glatt)*
4 EL Mohn, gequetscht
75 g Staubzucker
Prise Salz
1 TL Vanillezucker
Schale von ½ Bio-Zitrone, abgerieben
1 Dotter
150 g kalte Butter
Mehl zum Ausarbeiten

150 g Powidl
½ TL Zimt, gemahlen
1–2 EL Zwetschkenschnaps
Staubzucker zum Bestreuen

Backtrennpapier
Klarsichtfolie

Das Wertvollste was wir haben und schenken können ist Zeit. Gemeinsames Backen schafft eine stimmungsvolle Insel im Weihnachtstrubel und verschenken kann man selbst gemachte Kekse auch.

1. *Mohnmürbteig:* Mehl mit Mohn, Zucker, Prise Salz und Vanillezucker auf eine Arbeitsplatte sieben, Dotter dazugeben. Kalte Butter auf der groben Seite der Küchenreibe über die übrigen Zutaten reiben, mit den Händen miteinander zerbröseln und dann rasch zu einem glatten Teig verkneten.
2. Teig zu einer Kugel formen, in Folie wickeln und ca. 1 Stunde kalt stellen.
3. Backrohr auf 180 °C (Ober- und Unterhitze) vorheizen.
4. Teig aus der Kühlung nehmen, etwa 5 Minuten rasten lassen, dann auf einer leicht bemehlten Arbeitsfläche etwa 3 mm dick ausrollen.
5. Mit einem Messer oder Teigrad in ca. 1 ½ cm breite und 10 cm lange Streifen schneiden. Hinweis: Teigreste zusammenkneten, kurz kalt stellen und dann ebenfalls verarbeiten.
6. Teigstreifen auf ein mit Backtrennpapier ausgelegtes Backblech legen und auf mittlerer Schiene 8–10 Minuten backen.
7. Powidl etwas erwärmen, mit Schnaps und Zimt verrühren, jeweils zwei Stangerl damit zusammensetzen und mit Zucker bestreuen.

***Tipp**: Die Stangerl sind kühl und trocken gelagert etwa 3 Wochen haltbar.*

Kekse im Vollglück

Weizen ist die Schlüsselzutat zu köstlichen Keksen. Alle Bio-Bauern, die österreichisches Getreide für **SPAR Natur*pur Bio-Mehl** liefern, bewirtschaften ihre Felder im Einklang mit der Natur. Sie achten auf einen umweltschonenden Landbau und schützen unsere Pflanzen- und Tierwelt. Es werden keine chemisch-synthetischen Pflanzenschutz- und Düngemittel eingesetzt.

Mandarinenkompott mit Campari und Heumilch-Zimteis

Zubereitungszeit: 30 Min (ohne Kühlzeit)
Zutaten für 4 Portionen

8 Mandarinen
2 Blatt Gelatine
¼ l Orangensaft
2 cl Campari
1 kleine Zimtstange
1 kleiner Sternanis (oder 2 Gewürznelken)
Zucker nach Geschmack

Zimteis:
250 ml SPAR PREMIUM Heumilcheis Vanille, Edition Johanna Maier
½ TL Zimt

***Lager-Tipp**: Mandarinen nicht bei Zimmertemperatur lagern, sondern kühl. Am besten halten sie im Gemüsefach im Kühlschrank. Die schnelle Alternative: SPAR Vital Fruchtbecher Mandarine ohne Zusatz von Zucker.*

1 Mandarinen so schälen, dass die Früchte ganz bleiben. Weiße Haut zwischen den Fruchtfleischsegmenten vorsichtig entfernen und die Früchte mit einem kleinen, spitzen Messer mehrmals einstechen.

2 Gelatine in kaltem Wasser einweichen.

3 Orangensaft mit Campari und Zucker langsam erwärmen, Zimtstange und Sternanis zugeben, Mandarinen einlegen und bei geringer Hitze etwa 15 Minuten darin „ziehen lassen".

4 Topf von der Hitze nehmen, Mandarinen und Gewürze aus dem Topf nehmen, Gelatine gut ausdrücken und im warmen Kompottsaft auflösen.

5 Mandarinen wieder einlegen und vollständig auskühlen lassen. Tipp: Kompott über Nacht zugedeckt an einem kühlen Ort „durchziehen lassen".

6 *Zimteis:* Eis kurz antauen lassen, Zimt darüber streuen und gut durchmengen.

7 Kompott samt dem leicht gelierten Saft und dem Eis anrichten.

Österreichischer Milcheistraum

Basis für dieses PREMIUM-Eis nach einer Rezeptur von Hauben-Köchin Johanna Maier ist silofreie Heumilchsahne aus dem Zillertal, ein exquisiter Geschmacksträger für die echte Bourbon-Vanille. Gemeinsam machen sie den zart-schmelzenden Genuss so verführerisch. **SPAR PREMIUM Heumilcheis Vanille** wird in der Eismanufaktur Valentino in der Steiermark erzeugt.

Lebkuchentorte mit Bio-Orangen

Zubereitungszeit: 30 Min
+ Kühlzeit: 2–3 Stunden
Zutaten für 12 Stück

Kuchenboden:
100 g Spekulatiuskekse oder Vollkornbutterkekse
100 g Lebkuchen (ohne Schokoglasur)
1 TL Lebkuchengewürz
100 g weiche Butter

Creme:
5 Blatt Gelatine
*350 g SPAR Natur*pur Bio-Frischkäse aus Heumilch natur*
⅛ l Sauerrahm
3 EL Staubzucker
½ TL Vanillezucker
*Schale von 2 SPAR Natur*pur Bio-Orangen, abgerieben*
6 EL Orangenlikör
¼ l Schlagobers

Orangenscheiben oder Orangenzesten zum Dekorieren
1 Becher Schokofettglasur für Schokospäne
Backpapier

***Restl-Tipp**: Der Tortenboden eignet sich zum Wegarbeiten von Lebkuchen- und Keksresten. Zu Bröseln gemalen würzt Lebkuchen auch Wildgerichte und Süßspeisen.*

1. ***Kuchenboden:*** Kekse und Lebkuchen in ein Plastiksackerl bzw. einen Gefrierbeutel füllen, mit den Händen etwas zerdrücken, mit dem Nudelholz zerkleinern. Keksbröseln in eine Schüssel geben, weiche Butter und Lebkuchengewürz zufügen und alles gut verkneten.
2. Tortenring (24 cm oder 26 cm Durchmesser) auf eine Tortenplatte stellen, Bröselmasse einfüllen und mit einem Löffel oder den Händen fest drücken; etwa 1 Stunde kalt stellen.
3. ***Creme:*** Gelatine in kaltes Wasser einweichen.
4. Schale von 1 Orange fein abreiben, Orangen halbieren und auspressen.
5. Frischkäse mit Rahm, Zucker, Vanillezucker, Orangensaft und -schale sowie Orangenlikör glatt rühren.
6. Gelatine gut ausdrücken, in einen kleinen Topf geben und bei geringer Hitze schmelzen. Mit 2–4 EL Creme glatt rühren, unter die restliche Creme rühren.
7. Schlagobers cremig aufschlagen und unter die Orangencreme heben.
8. Die bereits leicht gelierte Creme auf dem Tortenboden verteilen und die Torte 1–2 Stunden kalt stellen.
9. Die zerlassene Schokoglasur dünn auf Backtrennpapier streichen, trocknen lassen und erst vor dem Dekorieren in Stücke brechen.
10. Gekühlte Torte je nach Geschmack mit Orangenscheiben oder Orangenzesten sowie Schokospänen dekorieren und bis zum Servieren kalt stellen.

Natürliche Gaumenfreude

Heumilch ist „die" Spezialmilch für Käseherstellung. Sie benötigt weder Zusatzstoffe noch Konservierungsmittel. **SPAR Natur*pur Bio-Frischkäse** aus Heumilch schmeckt besonders mild und sahnig.

Zimtkrapferl mit Rotweinpreiselbeeren

Zubereitungszeit: 20 Min
+ Abtropfzeit: 2–3 Stunden
Zutaten für 4 Portionen

250 g Topfen (40 %)
20 g Rosinen
4 EL Grand Manier

Rotweinpreiselbeeren:
1 Glas SPAR Natur*pur Bio-Wildpreiselbeeren (400 g)
⅛ l Rotwein
½ TL Orangenschale, fein abgerieben
1 Messerspitze Nelkenpulver, gemahlen

3 Eier
50 g Staubzucker
2 Päckchen Vanillezucker
4 EL Sonnenblumenöl
Prise Salz
Schale von ½ Zitrone, fein abgerieben
250 g Mehl (universal)
1 Päckchen Backpulver

Fett zum Frittieren (z. B. Butterschmalz, 600 g)

150 g Kristallzucker
½ EL Zimt, gemahlen

Küchenkrepp zum Abtropfen

Warum mit Butterschmalz frittieren? Es verträgt hohe Temperaturen, spritzt nicht, da es nahezu wasserfrei ist, es ist ergiebiger als andere Backfette, intensiviert den Geschmack, ist ungekühlt einige Wochen lang haltbar, im Kühlschrank sogar mehrere Monate.

1 Topfen in ein mit Küchenkrepp ausgelegtes Sieb geben und 2–3 Stunden (oder über Nacht) im Kühlschrank abtropfen lassen.

2 Rosinen mit Likör vermengen und zugedeckt 2–3 Stunden darin marinieren.

3 *Rotweinpreiselbeeren:* Die Hälfte des Preiselbeerkompotts mit Rotwein pürieren, mit dem restlichen Kompott, den Orangenschalen und dem Nelkenpulver vermengen; bis zum Servieren kalt stellen.

4 Eier mit Zucker, Vanillezucker und Salz in einer großen Schüssel schaumig aufschlagen; Öl und Topfen unterrühren.

5 Mehl und Backpulver verrühren und mit den marinierten Rosinen (samt Likör) unterrühren.

6 Fett in einer Pfanne erhitzen (ca. 170 °C), aus der Masse mit einem Kaffeelöffel Nocken abstechen und 3–4 Minuten schwimmend hell ausbacken; auf Küchenkrepp kurz abtropfen lassen.

7 Zucker und Zimt vermischen und die noch heißen Bällchen darin wälzen, anrichten und mit Rotweinpreiselbeeren servieren.

Aus biologischer Wildsammlung

Im Norden Skandinaviens wachsen in freier Natur die besten Preiselbeeren der Welt. Nur ausgewählte Bio-Früchte aus dieser Region werden für die **SPAR Natur*pur Bio-Wildpreiselbeeren** verwendet. Ihr fein-herber Geschmack gibt erlesenen Wildgerichten sowie dem Wiener Schnitzel eine besondere Note. Preiselbeeren runden Saucen und Marmeladen ab, schmecken zu Käse und Mehlspeisen.

Fairtrade Schoko-Kokos-Kugeln

Zubereitungszeit: 1 Stunde,
Kühlzeit: 4–5 Stunden
Zutaten für 25 Stück

⅛ l Schlagobers
200 g SPAR free from Dunkle Tafel, Fairtrade
1/16 l Rum
80 g Kokosflocken
1 EL kandierter Ingwer
80 g Kakaopulver oder 150 g Kokosflocken zum Wälzen

Papierkonfektschalen

Wer beim Backen an Fairtrade-Produkte denkt, genießt bewusst und trägt zur weltweiten Armutsbekämpfung bei.

1. Schlagobers aufkochen.
2. Schokolade grob hacken und im heißen Obers langsam schmelzen; von der Hitze nehmen und überkühlen lassen.
3. Rum und Kokosflocken unter die Schokomasse mengen.
4. Kandierten Ingwer fein hacken, zufügen und die Schoko-Kokos-Masse 4–5 Stunden – oder am besten über Nacht – kalt stellen.
5. Mit einem Kaffeelöffel Nocken abstechen, diese mit befeuchteten Händen zu Kugeln formen, dann in Kakaopulver oder Kokosflocken wälzen und in Papierkonfektschalen setzen. Schoko-Kokos-Kugeln gut verschlossen und gekühlt lagern.

Verträglich, köstlich, fair

Gluten- und Laktosefreiheit bei vollem Geschmack – bei den **SPAR free from Schokoladen** steht der bewusste Genuss im Vordergrund. Erhältlich in den Sorten Dunkle Tafel, Vollmilch, Vollmilch mit Haselnüssen und Vollmilch mit Erdbeeren. Die Rohstoffe werden biologisch angebaut und kommen von **Fairtrade** Kooperativen aus Paraguay, Bolivien, der Dominikanischen Republik und Madagaskar.

Faire Schokoladentorte mit weihnachtlichen Gewürzen

Qualitäts-Tipp: *Seit 2004 Fairtrade-Qualität, seit 2006 ist jede einzelne Zutat Bio, seit 2007 ist Zotter europaweit der Einzige, der Schokolade von der Bohne weg (bean-to-bar) ausschließlich in Bio- und Fairtrade-Qualität produziert!*

Zubereitungszeit: 50 Min
Zutaten für eine Tortenform mit 24 cm Durchmesser

300 g SPAR PREMIUM Bio-Criollo Dunkle Schokolade, Edition Josef Zotter
250 g Butter
180 g Kristallzucker
1 Prise Salz
½ TL Zimt
½ TL Piment, gemahlen
1 EL Vanillezucker
Schale von 1 Bio-Orange, fein abgerieben
5 Eier (groß)
2 EL Mehl, glatt
Butter und Mehl für die Form

Kakao zum Bestreuen

1. Backrohr auf 190 °C vorheizen.
2. Tortenspringform mit Butter bestreichen und mit Mehl ausstäuben.
3. Schokolade grob hacken und mit der zerkleinerten Butter im Wasserbad langsam schmelzen. Hinweis: So lange die Zutaten nicht geschmolzen sind, nicht umrühren, da bei zu starkem Rühren die Masse emulgiert und fest wird.
4. Salz, Zimt, Piment, Vanillezucker und Orangenschale zugeben und Zucker zügig mit dem Kochlöffel unterrühren.
5. Eier nach und nach ebenfalls mit dem Kochlöffel unterziehen. Zum Schluss das Mehl darüber sieben und nach und nach unterziehen.
6. Masse in die vorbereitete Form füllen und im vorgeheizten Rohr 35 Minuten backen. Hinweis: Die Torte muss in der Mitte auf Fingerdruck noch leicht nachgeben. Torte aus dem Backrohr nehmen, auf Kuchengitter stellen und vollständig auskühlen lassen; mit Kakao bestreuen und in Portionen teilen.

Tipp: *Amaretto-Obers (geschlagenes Schlagobers mit etwas Mandellikör) oder 1 Kugel Heumilch Vanilleeis dazu servieren.*

Aus dem Hause Zotter

Biologisch, fair gehandelt und mit allerbesten Zutaten zaubert Josef Zotter, Österreichs berühmtester Chocolatier, für SPAR PREMIUM die schönsten Genussmomente. **SPAR PREMIUM Bio-Criollo Dunkle Schokolade** etwa wird mit erstklassigem Criollo-Kakao aus Peru hergestellt und überzeugt durch ihren besonders milden Geschmack.

Gebratene Entenbrust mit Rotkraut aus dem Wok

Zubereitungszeit: 45 Min
Zutaten für 4 Portionen

2 Entenbrüste, á 300 g
Salz
Pfeffer aus der Mühle
1 Zweig Rosmarin

Glasur:
4 EL Blütenhonig
Salz
1 TL getrocknete Chili, fein gerieben

Rotkraut:
*400 g SPAR Natur*pur Bio-Rotkraut*
4 EL Öl
Salz
2 EL Kristallzucker
Saft von 2 Orangen
⅛ l Apfelsaft
Prise Zimt
Pfeffer aus der Mühle
Gehackte Aranzi (Orangeat) zum Bestreuen

Rotkraut zur Erntezeit selbst zu kochen ist empfehlenswert, weil man es nach eigenem Geschmack würzen kann und man die Frische einfach schmeckt.

1. Backrohr auf 100 °C vorheizen. Entenbrüste beidseitig mit Salz und Pfeffer würzen, mit der Hautseite nach unten in eine Bratpfanne geben.
2. Bratpfanne auf die Hitze stellen, den Rosmarinzweig dazugeben und die Entenbrüste bei geringer Hitze auf der Hautseite knusprig braten (dauert etwa 6–8 Minuten).
   Hinweis: Das austretende Fett immer wieder abgießen und zur Weiterverarbeitung beiseite stellen.
3. *Glasur:* Honig mit Chili und etwas Salz verrühren.
4. Entenbrüste aus der Pfanne nehmen und in eine feuerfeste Form legen. Die gebratene Haut mit der Glasur bestreichen und im Rohr 20–25 Minuten bei 100 °C weiter braten.
5. *Rotkraut:* Rotkraut in sehr dünne Streifen schneiden.
6. Öl in einem Wok oder einer großen Pfanne erhitzen und das Kraut darin unter mehrmaligem Wenden 3–4 Minuten braten; salzen.
7. Kraut 1–2 Minuten weiter braten, Zucker darüber streuen, gut vermengen, mit Orangesaft ablöschen, kurz verkochen lassen, Apfelsaft zugeben, Hitze reduzieren und das Kraut 5–7 Minuten „schmurgeln" lassen. Kraut mit Salz, Zimt und Pfeffer abschmecken.
8. Entenbrüste aus dem Rohr nehmen und 5–7 Minuten rasten lassen. Anschließend in dünne Scheiben schneiden, auf vorgewärmten Tellern oder einer Platte anrichten, Rotkraut mit gehackten Aranzi bestreuen.

Schneller blaublütiger Krautgenuss

Das angenehm milde, leicht süßliche **SPAR Natur*pur Bio-Rotkraut** aus biologischer Landwirtschaft passt wunderbar zu Geflügel- und Wildgerichten, zu Kartoffelknödel und Schweinsbraten. Es harmoniert auch mit Käse.

Gebratenes Bio-Karpfenfilet mit Kartoffelsauce und Gremolata

Zubereitungszeit: 50 Min
Zutaten für 4 Portionen

Petersilie-Kapern-Gremolata:
1 EL Kapern
2 EL Petersilie, gehackt
2 EL Kernöl oder Olivenöl
Schale von ¼ Bio-Zitrone, fein abgerieben
Salz
Pfeffer aus der Mühle

Kartoffelsauce:
400 g Kartoffeln, mehlig
¼ l Milch
40 g weiche Butter
Muskat
Salz
Pfeffer aus der Mühle

Gebratener Karpfen:
4 große Bio-Karpfenfilets (á ca. 200 g)
Salz
Pfeffer aus der Mühle
Mehl zum Wenden
2 EL Olivenöl
2 EL Butter

Der Karpfen ist ein Friedfisch und zählt zu den nachhaltigsten Fischen, die man in Mitteleuropa genießen kann. Vegetarisch lebende Fischarten haben im Vergleich zu räuberischen Fischen eine kurze Nahrungskette, d. h. sie müssen in der Zucht nicht mit anderen Fischen gefüttert werden.

1 *Petersilie-Kapern-Gremolata:* Kapern fein hacken, mit Petersilie, Kernöl oder Olivenöl und Zitronenschale vermengen, mit Salz und Pfeffer abschmecken und bis zum Anrichten zugedeckt beiseite stellen.

2 *Kartoffelsauce:* Kartoffel schälen, in Würfel schneiden, in Salzwasser weich kochen, abseihen, gut abtropfen lassen und noch heiß durch die Kartoffelpresse in einen Topf drücken.

3 Milch erwärmen, zu den Kartoffeln geben, gut durchrühren, weiche Butter zugeben und mit Muskat, Salz und Pfeffer würzen.

4 Fischfilets beidseitig salzen und pfeffern und auf der Hautseite leicht in Mehl tauchen.

5 Öl in einer Pfanne erhitzen, Fischfilets mit der Hautseite nach unten einlegen und 3–4 Minuten knusprig braten; Fisch wenden, Butter zugeben, aufschäumen lassen, Pfanne von der Hitze nehmen und Fischfilets 2–3 Minuten „ziehen lassen".

6 Kartoffelsauce auf Teller verteilen, Fischfilets darauf setzen und mit der Gremolata beträufeln.

Festtags-Bio-Karpfen aus Österreich

Konsequent biologische Haltung, viel Bewegungsfreiraum und biologisches Futter machen den **Bio-Karpfen** zu einer fettarmen, wohlschmeckenden Fischspezialität. Davon profitieren Tier, Mensch und Umwelt. Frei von Gentechnik oder Chemie bleiben die natürlichen Ökoflächen an den Teichen erhalten, das schont das Leben im und um das Wasser.

Kokosmilchreis mit gebratenen Bananen

Restl-Tipp: *Überreife Bananen nicht wegwerfen. Sie sind besonders süß und geschmacksintensiv: Zu einem Shake mixen oder zu Marmelade verkochen. Sie verfeinern auch Kuchenteige.*

Zubereitungszeit: 35 Min, Kühlzeit: 3–4 Stunden Zutaten für 4 Portionen

150 g Rundkornreis
1 Dose Kokosmilch (400 ml)
¼ l Milch
3 EL Kristallzucker
Prise Salz
1 Vanillestange
1 Stück Zitronenschale
¼ l Schlagobers

*4 SPAR Natur*pur Bio-Bananen Fairtrade*
*2 EL SPAR Natur*pur Bio-Rohrzucker*
Saft von 1 Orange
⅛ l Apfelsaft
1 Zimtstange

geröstete Kokosflocken zum Bestreuen

1. Reis gründlich waschen. Kokosmilch und Milch mit Zucker, Salz und Vanillestange einmal aufkochen, Reis zufügen und bei geringer Hitze unter öfterem Umrühren etwa 25 Minuten kochen.
2. Reis in eine Schüssel füllen, Vanilleschote entfernen, auskühlen lassen, anschließend zugedeckt 3–4 Stunden kalt stellen.
3. Obers steif schlagen, Reis gut durchrühren und Obers untermengen; bis zum Servieren kalt stellen.
4. Bananen schälen, der Länge nach halbieren und in 4 cm große Stücke schneiden.
5. Zucker in eine Pfanne geben und so lange erhitzen bis er flüssig wird, mit Orangensaft ablöschen, Apfelsaft zugeben und zur Hälfte einkochen; Bananen und Zimt zugeben und alles bei geringer Hitze 5 Minuten köcheln lassen. Etwas abkühlen lassen, Zimtstange entfernen.
6. Milchreis in Gläsern oder Schalen anrichten und die lauwarmen Bananen samt Sirup (Sirup eventuell mit etwas in kaltem Wasser angerührter Weizenstärke binden) darüber verteilen und mit Kokosflocken bestreuen.

Tipp: *Der Milchreis kann auch warm serviert werden – dann aber ohne geschlagenen Obers zubereitet.*

Echt fair, echt bio, echt guter Geschmack!

Das Bio- und Fairtrade-Siegel auf **SPAR Natur*pur Bio-Bananen** gibt die Sicherheit, dass die Bananen aus kontrolliert biologischem Anbau kommen, die Produzenten fair bezahlt und keine Kinder ausgebeutet werden.

Raffiniert, einfach, verführerisch

Kaffee-Anis-Schmarren mit Birnen

Zubereitungszeit: 40 Min
Zutaten für 4 Portionen

⅛ l Milch
*1 gestrichener EL SPAR Natur*pur Bio-Instant Kaffee, Fairtrade*
1 gestrichener EL Kakaopulver
5 Eier
Prise Salz
3 Packungen Vanillezucker
140 g Mehl (universal)
Schale von ½ Bio-Orange, abgerieben
50 g Butter
2 EL Öl
½ TL Anissamen

2 große, gut reife Birnen
40 g Butter
1 EL Kristallzucker
Saft von ½ Orange

50 g Butter
2 EL Kristallzucker

Bio-Löskaffee ist nicht nur die schnelle Genusslösung fürs Büro und zwischendurch. Er aromatisiert auch Milchreis, Topfencremen, Jogurtshakes und vieles mehr. Zuvor in etwas Flüssigkeit auflösen.

1 Milch mit dem Löskaffe und dem Kakao in einem kleinen Topf verrühren und leicht erwärmen.

2 Eier trennen.

3 Dotter mit der lauwarmen Kaffeemilch, Prise Salz, Vanillezucker, Mehl und Orangenschale zu einem glatten Teig vermengen und 5 Minuten rasten lassen.

4 Backrohr auf 160 °C (Ober- und Unterhitze) vorheizen.

5 Eiklar zu steifem Schnee aufschlagen und unter den Kaffeeteig ziehen.

6 Butter in einer Pfanne schmelzen, Öl zugeben und Anissamen darin anrösten; Teig in die Pfanne gießen, kurz anbacken und im Rohr ca. 10–12 Minuten fertig backen.

7 Birnen waschen, halbieren, Kerngehäuse herausschneiden und in Spalten schneiden; Zucker und Butter in einer Pfanne schmelzen, Birnen darin anbraten, mit Orangensaft ablöschen und kurz dünsten.

8 Schmarren mit einer Gabel zerteilen, Zucker darüber streuen, Butter zugeben und alles 1–2 Minuten backen. Schmarren mit den Birnen anrichten.

So fair, so gut

SPAR Natur*pur Bio-Instant Kaffee enthält 100 % fair gehandelte Arabica-Bohnen aus kontrolliert biologischem Anbau. Die hochwertige Qualität dieser edlen Bohnen sorgt für den feinen Genuss und das abgerundete Aroma. **SPAR Natur*pur Bio-Instant Kaffee** mit fein-kristalliner Struktur wird aromaschonend durch Gefriertrocknung hergestellt.

Saisonkalender

Gemüse

Brokkoli

1 2 3 4 5 6 7 8 9 10 11 12

Chinakohl

1 2 3 4 5 6 7 8 9 10 11 12

Friséesalat

1 2 3 4 5 6 7 8 9 10 11 12

Erbsen

1 2 3 4 5 6 7 8 9 10 11 12

Feldgurke

1 2 3 4 5 6 7 8 9 10 11 12

Fenchel

1 2 3 4 5 6 7 8 9 10 11 12

Fisolen

1 2 3 4 5 6 7 8 9 10 11 12

Häuptelsalat

1 2 3 4 5 6 7 8 9 10 11 12

Karfiol

1 2 3 4 5 6 7 8 9 10 11 12

Karotten

1 2 3 4 5 6 7 8 9 10 11 12

Kartoffeln

1 2 3 4 5 6 7 8 9 10 11 12

Knoblauch

1 2 3 4 5 6 7 8 9 10 11 12

Kohl

1 2 3 4 5 6 7 8 9 10 11 12

Kohlrabi

1 2 3 4 5 6 7 8 9 10 11 12

Kohlsprossen

1 2 3 4 5 6 7 8 9 10 11 12

Kraut

1 2 3 4 5 6 7 8 9 10 11 12

reif in Österreich | österreichische Lagerware | aus heimischer Produktion nicht verfügbar

Gemüse

Kürbis

1 2 3 4 5 6 7 8 9 10 11 12

Lauch

1 2 3 4 5 6 7 8 9 10 11 12

Lollo Rosso

1 2 3 4 5 6 7 8 9 10 11 12

Mais

1 2 3 4 5 6 7 8 9 10 11 12

Mangold

1 2 3 4 5 6 7 8 9 10 11 12

Melanzani

1 2 3 4 5 6 7 8 9 10 11 12

Paprika

1 2 3 4 5 6 7 8 9 10 11 12

Pastinaken

1 2 3 4 5 6 7 8 9 10 11 12

Radicchio

1 2 3 4 5 6 7 8 9 10 11 12

Radieschen

1 2 3 4 5 6 7 8 9 10 11 12

Rote Rüben

1 2 3 4 5 6 7 8 9 10 11 12

Sellerie

1 2 3 4 5 6 7 8 9 10 11 12

Spargel

1 2 3 4 5 6 7 8 9 10 11 12

Spinat

1 2 3 4 5 6 7 8 9 10 11 12

Stangensellerie

1 2 3 4 5 6 7 8 9 10 11 12

Tomaten

1 2 3 4 5 6 7 8 9 10 11 12

reif in Österreich | österreichische Lagerware | aus heimischer Produktion nicht verfügbar

Saisonkalender

Gefühl für Jahreszeiten

Gemüse

Vogerlsalat

1 2 3 4 5 6 7 8 9 10 11 12

Zucchini

1 2 3 4 5 6 7 8 9 10 11 12

Zwiebeln

1 2 3 4 5 6 7 8 9 10 11 12

Obst

Äpfel

1 2 3 4 5 6 7 8 9 10 11 12

Birnen

1 2 3 4 5 6 7 8 9 10 11 12

Brombeeren

1 2 3 4 5 6 7 8 9 10 11 12

Erdbeeren

1 2 3 4 5 6 7 8 9 10 11 12

Heidelbeeren

1 2 3 4 5 6 7 8 9 10 11 12

Himbeeren

1 2 3 4 5 6 7 8 9 10 11 12

Kirschen

1 2 3 4 5 6 7 8 9 10 11 12

Marillen

1 2 3 4 5 6 7 8 9 10 11 12

Pfirsich

1 2 3 4 5 6 7 8 9 10 11 12

Ribiseln

1 2 3 4 5 6 7 8 9 10 11 12

Weintrauben

1 2 3 4 5 6 7 8 9 10 11 12

Zwetschken

1 2 3 4 5 6 7 8 9 10 11 12

reif in Österreich | österreichische Lagerware | aus heimischer Produktion nicht verfügbar

Nahrung ist ein Wert, der unser Leben sichert.

Schätzen wir unsere Lebensmittelschätze!

Auch in Österreich sind Lebensmittel für viele Menschen noch „Über"-Lebensmittel.

Essen wegzuwerfen findet niemand gut. Dennoch landen auch bei uns Lebensmittel im Wert von durchschnittlich 300 Euro pro Jahr und Haushalt ungenutzt auf dem Müll, weil sie falsch gelagert sind, ein abgelaufenes Mindesthaltbarkeitsdatum mit verdorbener Ware gleichgesetzt wird oder wieder zu viel eingekauft wurde. Berge von Nahrung werden für die Tonne produziert, transportiert, gekühlt, vernichtet. Dadurch belasten wir das Klima völlig sinnlos.

Viele Abfälle sind vermeidbar

Tatsache ist zudem, dass es auch in unserem Land viele Menschen gibt, die um jedes Stück Brot froh sind. Traurig, wenn man bedenkt, dass allein das, was wir wegwerfen, eine Stadt wie Innsbruck ein Jahr lang ernähren könnte. In ganz Europa landet sogar die Hälfte aller essbaren Lebensmittel von Haushalten, Supermärkten und Restaurants im Müll, während rund 79 Millionen EU-Bürger unter der Armutsgrenze leben. Darum setzt sich auch das EU-Parlament dafür ein, dass die Lebensmittelverschwendung in der EU bis 2025 um die Hälfte verringert werden soll.
Vermeidbare Abfälle entstehen überall entlang der Wertschöpfungskette in unterschiedlichen Dimensionen – von der landwirtschaftlichen Erzeugung, der Lebensmittelverarbeitung bis hin zum Handel, und am Ende der Kette in der Gastronomie und den privaten Haushalten.

Verplanen statt verschwenden

Auch jeder Haushalt kann relativ einfach Ressourcen und Geld sparen:

- Mahlzeiten und einen sinnvollen Einkauf vorausplanen.
- Vorräte kontrollieren.
- Mehrmals in der Woche kleinere Mengen einkaufen.
- Regionale und saisonale Produkte bevorzugen.
- Richtige Lebensmittel-Lagerung.
- Das Mindesthaltbarkeitsdatum bedeutet nicht, dass ein Lebensmittel nicht mehr genussfähig ist. Das Produkt prüfen. Die besten Kontrolleure sind Augen und Nase.
- Lebensmittelreste verwerten, einfrieren, mit Freunden oder Kollegen teilen.
- Bei mikrobiell leicht verderblichen Waren (z. B. Faschiertes, Sushi) ist auf der Verpackung ein Verbrauchsdatum („zu verbrauchen bis") angegeben. Ein Produkt, bei dem dieses Datum überschritten ist, sollte nicht mehr gegessen werden.
- Unvermeidbare Lebensmittelabfälle, etwa Verdorbenes oder Bananenschalen, sinnvoll in der Biotonne oder am Kompost verwerten.

Verteilen statt vernichten

SPAR unterstützt schon seit vielen Jahren mehrere regionale Einrichtungen mit qualitativ einwandfreien Lebensmitteln, die am Ende des Tages übrig bleiben oder nicht mehr verkauft werden dürfen. Beispiele sind „Tischlein deck dich“ (Vorarlberg), „Laube“ (Salzburg), „Vinzimarkt“ (Steiermark), „Lebensmittel und Orientierung“ (Wien) oder die „Team Österreich Tafel“. Diese und auch weitere Einrichtungen erhalten die Waren von SPAR unbürokratisch und kostenlos. Allein die Spende reicht nicht aus, um die Lebensmittel gerecht zu verteilen. Dazu bedarf es einer Vielzahl ehrenamtlicher Helfer, denen Anerkennung und großer Dank gebührt.

SPAR ist ein wichtiger Partner für die ***„Team Österreich Tafel“***, eine Aktion von Rotem Kreuz und Hitradio Ö3, die regelmäßig Lebensmittel einsammelt und gratis an die ärmsten Personen in der Bundeshauptstadt – Wohnungslose, Flüchtlinge, sozial schwache Familien – verteilt.

„Lebensmittel und Orientierung“ (Le+O) ist eine Initiative der Caritas Wien. SPAR war einer der ersten Unterstützer, 30 Märkte werden regelmäßig angefahren. Ausgabestellen sind 10 Wiener Pfarren und eine Ausgabestelle vom Wiener Roten Kreuz.

Der private Verein ***„Tischlein deck dich“*** Vorarlberg verteilt wöchentlich bis zu 15 Tonnen Lebensmittel und schafft damit eine Brücke zwischen Überfluss und Mangel.

Die Qualitäts- und Herkunftssiegel

Die täglich gute Wahl im Einkaufskorb schützt das Klima, schont die Ressourcen, achtet die Menschenrechte, respektiert die Tierwelt und ist Zukunftsvorsorge. Produkte mit diesen Zeichen berücksichtigen soziale und ökologische Aspekte.

Fairtrade

Das Fairtrade-Zeichen bedeutet für Genießer und Produzenten in Entwicklungsländern: faire Preise, gute Arbeit, sichere Existenz, sicherer Genuss und ein gutes Gewissen. Auch viele SPAR-Eigenmarken tragen bereits das Fairtrade-Zeichen. www.fairtrade.at

Ohne Gen – ARGE Gentechnik-frei

Das Gentechnikfrei-Signet gibt Konsumenten die Sicherheit, Gentechnik-frei erzeugte Lebensmittel zu kaufen. SPAR Natur*pur war übrigens die erste Produktlinie weltweit, die nach den Richtlinien der ARGE Gentechnik-frei das Gentechnikfrei-Signet tragen durfte. www.gentechnikfrei.at

AMA Bio-Siegel

Das rote Siegel der Agrar Markt Austria kennzeichnet Bio-Produkte, die zu 100 % im Inland produziert werden. Das schwarze Siegel steht auf Bio-Produkten, bei denen mehr als ein Drittel der maßgeblichen Inhaltsstoffe aus dem Ausland kommen. www.ama.at

Austria Bio Garantie

Die Austria Bio Garantie ist Österreichs führende Bio-Kontrollstelle. 10.800 landwirtschaftliche Betriebe, mehr als 900 Verarbeitungsunternehmen und alle SPAR Natur*pur Bio-Produkte werden kontrolliert. www.abg.at

FSC Siegel

Das FSC-Siegel steht für „Forest Stewardship Council" und ist das Zeichen für Produkte aus Holz- und Forstwirtschaft, die verantwortungsvoll mit Waldbeständen umgehen. www.fsc.org

MSC Siegel

Der „Marine Stewardship Council" (MSC), zu Deutsch „Rat zur Bewahrung der Meere", ist eine weltweit tätige, unabhängige Einrichtung, die sich für eine nachhaltige und verantwortungsvolle Befischung der Meere einsetzt, um die Fischvielfalt zu sichern. www.msc.org/de

ASC

Die neue Zertifizierung „Aqua Culture Stewardship Council" betrifft den konventionellen Meeresfrüchte-Zuchtbereich und soll ihn auf ein höheres Niveau bringen. www.asc-seafood.com

AMA-Gütesiegel

Das Gütesiegel der Agrar Markt Austria kennzeichnet nur erstklassige Fleischqualität aus Österreich. Es garantiert strengste Kontrollen. Vom Bauernhof bis zum Verkauf. Vom Tier bis zum Futter. Von der Hygiene bis zur Kühlung. Selbst die Zartheit und Saftigkeit von Fleisch wird gemessen. Erst dann bekommt Frischfleisch das AMA-Gütesiegel. www.ama.at

Das Österreichische Umweltzeichen

Die Produkte mit dem Umweltzeichen müssen eine Reihe von Kriterien erfüllen und deren Einhaltung durch ein unabhängiges Gutachten nachweisen. Ausgezeichnet werden aber nur jene Produkte, die auch eine gute Gebrauchstauglichkeit und Qualität aufweisen. www.umweltzeichen.at

Tierschutzgeprüft

Das Zeichen „tierschutzgeprüft" gibt Gewissheit darüber, dass strenge Richtlinien rund um die artgemäße Tierhaltung Verwendung finden, vom landwirtschaftlichen Betrieb bis in den Handel. Die Prüfzeichen werden ausschließlich für Eier aus Freiland- und Bodenhaltung vergeben.

Auch Spar setzt Zeichen

Als größter österreichischer privater Arbeitgeber und eines der führenden Handelsunternehmen in Österreich hat Spar eine hohe gesellschaftliche Verantwortung.

SPAR Natur*pur: Verantwortung gegenüber der Natur

SPAR Natur*pur ist die Bio-Marke von SPAR mit bereits über 670 Bio-Produkten aus kontrollierter biologischer Landwirtschaft. Bei der Auswahl der Hersteller werden vorzugsweise regional verankerte, österreichische Bio-Betriebe gestärkt.

SPAR wie früher: Verantwortung für die Artenvielfalt

Die Marke SPAR wie früher steht für wiederbelebte Lebensmittel-Raritäten aus heimischer Produktion. Sie stehen in einem besonderen Nahverhältnis mit dem Ort des Wachsens, mit den Bauern und den Menschen dieser Region. Für SPAR wie früher kooperiert SPAR unter anderem auch mit Bio-Gemüsebauer Erich Stekovics, dem Verein Arche Noah und der Ökoregion Kaindorf.

SPAR Veggie: Verantwortung für mehr pflanzliche Kost

Wer öfter gezielt zu pflanzlichen Lebensmitteln greift, tut nicht nur sich und seiner Gesundheit Gutes, er hilft damit auch der Umwelt und dem Klima. SPAR Veggie bietet fleischlose Produkte von ausgezeichneter Qualität, die zum Großteil aus kontrolliert biologischer Landwirtschaft und aus Österreich kommen. Das V-Label der Europäischen Vegetarier-Union garantiert, dass alle Produkte kontrolliert vegan oder vegetarisch sind.

TANN: Verantwortung für die Regionen

Ein Beispiel für die regionale Ausrichtung bei SPAR sind die TANN Fleisch- und Wurstspezialitäten. Sechs TANN-Werke (Dornbirn, Wörgl, Marchtrenk, St. Pölten, Graz und Föderlach) garantieren regionale Spezialitäten, regionale Wertschöpfung und kurze Transportwege. Viele TANN-Produkte tragen das AMA-Gütesiegel.

SPAR free from: Verantwortung für Menschen mit speziellen Ernährungsbedürfnissen

Gemeinsam mit führenden Ärzten und Diätologen hat SPAR – als erster Lebensmittelhändler in Österreich – eine Eigenmarke für Menschen mit speziellen Ernährungsbedürfnissen entwickelt. Das umfangreiche Sortiment von SPAR free from bietet gluten- und laktosefreie Produkte in exzellenter Qualität zu attraktiven Preisen.

SPAR Vital: Verantwortung für gesunde Ernährung

SPAR Vital wurde gemeinsam mit Ernährungsexperten entwickelt und umfasst Produkte, die ernährungsphysiologisch besonders wertvoll sind. Alle Produkte unter dieser Marke enthalten weniger Fett, Zucker oder Salz, dafür ein Mehr von jenen Nährstoffen, die eher zu wenig konsumiert werden (u.a. ungesättigte Fettsäuren, Ballaststoffe, Kalzium, B-Vitamine).

SPAR PREMIUM: Höchster Genuss soll leistbar sein

SPAR PREMIUM Produkte sind feinste Lebensmittel aus hervorragenden Rohstoffen. Wo immer möglich, bürgen detailverliebte Lieferanten in kleinen Manufakturen oder prominente Spezialisten wie Hauben-Köchin Johanna Maier, Paradeiser-Kaiser Erich Stekovics oder Chocolatier Josef Zotter für Premium-Qualität.

Zukunft braucht Herkunft: Lokale Pflanzenschätze entdecken und erhalten.

Spar wie früher. Vielfalt säen.

Bio-Saaten-Raritäten für mehr Sortenvielfalt. Jedes Samenkorn ist ein Multiplikator.

Mit der Gartensaison 2012 haben SPAR und der Verein Arche Noah eine langfristig angelegte Kooperation gestartet. Gemeinsames Anliegen ist es, einen Beitrag zum Schutz und Fortbestand der heimischen Kulturpflanzenvielfalt zu leisten und Bio-Sortenraritäten aus vergangenen Tagen zu revitalisieren. Seit 1900 ist die Vielfalt unserer Kulturpflanzen dramatisch zurückgegangen.

Lebensräume, Schutz- und Nutzfunktion

Biologische Vielfalt bringt nicht nur mehr und ursprünglichen Geschmack auf die Teller, sie bereichert natürliche Lebensräume und macht Ökosysteme auch anpassungsfähiger gegen Störeinflüsse. Saatgut ist die Grundlage unserer Ernährung und Zukunft braucht Vielfalt. Darum bewahrt und pflegt der Verein Arche Noah seit 22 Jahren tausende gefährdete Pflanzensorten.

Lebensräume gestalten, Natur erleben

Es braucht nicht viel, um Vielfalt zu gärtnern. Schon ein Blumentopf am Balkon kann zum Hort für seltenes Gemüse werden. Wer Saaten-Raritäten selber zieht und Pflanzen durch ihren Lebenszyklus begleitet, wird viel Freude ernten, kann seine Pflanzen verschenken, Früchte teilen, Samen reifen lassen und sie in der nächsten Gartensaison auch weiter vermehren.

Erhaltung durch Nutzung

ARCHE NOAH

Ziel des gemeinsamen Lokalsorten-Projektes ist:

- ausgewählte Lokalsorten durch flächige Verbreitung aus dem Gefährdungszustand zu holen
- mehr samenfeste, alte Sorten für Menschen mit Gärten breit verfügbar zu machen
- ein Netzwerk von Bio-Betrieben aufzubauen, die die Sorten pflegen, das Saatgut bereitstellen und einen fairen Preis dafür erhalten

Bio-Saatgut ist zum Beispiel von folgende Lokalsorten erhältlich: „Herrenkürbis", „Ochsenhorn"-Paprika und „Roter Augsburger", Gurke „Dekan", Paradeiser „Justens Gelbe" und „Naama", Pfefferoni „Leutschauer Schotenpfeffer", Salat „Roter Butterhäuptl", „Grüner aus Maria Lankowitz", „Etsdorfer" Buschbohne.

Spar wie früher: Humus.

Humus ist eine Klima-Chance, der bislang viel zu wenig Beachtung geschenkt wurde.

Gesunder Boden = gesunde Pflanze = gesunder Mensch + gesundes Klima!

Was viele nicht wissen: Humus kann große Mengen Kohlenstoff im Boden fixieren und damit die Atmosphäre vom treibhauswirksamen CO_2 entlasten. Je mehr Humus, desto besser fürs Klima. Bis zu 50 Tonnen CO_2 pro Hektar und Jahre können auf diese Weise gebunden werden. Das Problem ist, dass während der letzten 50 Jahre durch ertragsorientierte Landwirtschaft, die Böden ausgelaugt und damit auch der humuslose Oberboden weitgehend verloren wurde.

Was ist Humus?

In der Natur gibt es keine Abfälle. Fallen im Herbst die Blätter von den Bäumen, sind sie Nahrungsgrundlage für Kleinstlebewesen und Mikroorganismen im Boden.

Diese Bodenlebewesen schließen den Nährstoffkreislauf in der Natur. Ohne sie könnte der Stoffkreislauf nicht funktionieren und es wäre kein Pflanzenwachstum möglich.

Humus ist Boden so wie früher: lebendiger, vitaler Boden.

SPAR unterstützt den Humus-Aufbau

Die 2007 gegründete Ökoregion Kaindorf ist eine Vorbildregion für ökologische Kreislaufwirtschaft und eine CO_2-neutrale Zukunft. Gezielter Humusaufbau ist ein Teil der Maßnahmen. Da unsere Ernährung und die Entscheidung, zu welchen Produkten wir greifen, enorme Auswirkungen auf das Klima hat, – sie macht rund 30 Prozent unseres ökologischen Fußabdrucks aus – macht SPAR nun schon seit 2010 auf die Notwendigkeit des Humusaufbaus aufmerksam.

Der Klimakohl

Begonnen hat alles mit dem Chinakohl, der von der Ökoregion Kaindorf für SPAR so produziert wurde, dass die Umwelt geschont und durch Humusaufbau vermehrt CO_2 im Boden gespeichert wird. Mittlerweile wachsen für SPAR auch Cherry-Tomaten und Salat im Humusreich Kaindorf. Humusboden wird aber auch im Waldviertel gepflegt. Dort wachsen für SPAR die Erdbeeren so wie früher. Humus wirkt wie ein Filter, der schädliche Einflüsse von den Pflanzen fernhält. Humusboden fördert ein vitales Wachstum und auch den Geschmack. Humus-Erdbeeren schmecken intensiver und süßer.

Humusaufbau und Humuserhalt

- Kompostieren = selber Humus erzeugen oder Biotonne verwenden
- Organisch düngen
- Gründüngung anbauen
- Abwechslungsreiche Fruchtfolge
- Mischkultur- Erhöhung der Artenvielfalt
- Mulchen, den Boden abdecken
- Den Boden schonend bearbeiten, wenig Druck, nicht zu oft wenden
- Möglichst wenig Fläche versiegeln
- Humusmehrende Landwirtschaft durch den Kauf von Produkten unterstützen

Klimafreundlich in die Zukunft

SPAR ist als erster Lebensmitteleinzelhändler Mitglied der WWF CLIMATE GROUP

WWF CL!MATE GROUP
WWF for a living planet®

Seit Jahren ist SPAR ein Pionier im Bereich Klimaschutz. Um die führende Rolle als Klimaschutzvorreiter noch weiter auszubauen, ist SPAR im August 2011, als erster österreichischer Lebensmitteleinzelhändler, der größten privaten Klimaschutzinitiative Österreichs – der WWF CLIMATE GROUP – beigetreten. Zusätzlich stellt SPAR als erster und größter heimischer Fischhändler sein gesamtes Fischsortiment und die Fisch-Einkaufspolitik auf den strengen Prüfstand des WWF.

Das ambitionierte SPAR Klima-Ziel: –15 % CO_2

Der betriebliche CO_2-Ausstoß soll innerhalb von drei Jahren um 15 Prozent reduziert werden. Gemeinsam mit dem WWF werden unternehmensweit jährliche Maßnahmenpläne für folgende Bereiche und Themen erstellt: Energieverbrauch, erneuerbare Energien, Transport und Logistik, Produktsortiment und Bewusstseinsbildung.

Beispiele:

- Errichtung von Klimaschutz-Supermärkten mit ÖGNI-Zertifizierung
- Mehr klimaschonende Produkte
- LED-Beleuchtung als Standard-Technologie
- Permanente Energieanalysen zur Optimierung der Energieeffizienz
- Verbesserte Einstellung der Kühlmöbel
- Mehr E-Tankstellen an SPAR-Standorten, mehr Elektroautos im Fuhrpark und E-Fahrräder im Angebot
- FSC-Papier bei Papierwaren, Bio-Sackerl, klimafreundliche Produktverpackungen
- Mehr Videokonferenzen, um unnötige Kilometer zu vermeiden u. v. a. m.

Die SPAR Fisch-Einkaufspolitik

Schon 2009 hat SPAR als erstes österreichisches Handelsunternehmen eine Fisch-Einkaufspolitik festgelegt, die laufend intensiviert und verstärkt wurde und wird. Nach einer Sortimentsanalyse durch den WWF werden stark überfischte Meerestiere ausgelistet, der Verkauf von nachhaltig gefangenen Fischen, Bio-Zuchtfischen und MSC-Produkten abermals verstärkt. Bis Ende 2013 soll es bei SPAR im Sortiment nur noch nachhaltige Fischprodukte geben, vom Frischfisch bis zur Thunfischpizza.

Inhaltsverzeichnis nach Jahreszeiten

Frühling

Sommer

Inhaltsverzeichnis nach Jahreszeiten

Herbst

Inhaltsverzeichnis nach Jahreszeiten

Winter

Inhaltsverzeichnis alphabetisch

Inhaltsverzeichnis alphabetisch

Inhaltsverzeichnis alphabetisch

S

T

Z

Ehrlichkeit Tradition Lebensqualität

Achtsamkeit

Gut leben Werte

Wertschätzung

Fairness Liebe Zukunft

Offenheit Geschmack

Ästhetik Begeisterung

Umwelt Harmonie

Balance Verantwortung Miteinander

Genuss Zeit Wahrnehmung Glück

Freude Innehalten Tier Sensibilität

Engagement Gut essen Mitgefühl

Kultur Bewusstsein

Stimulation Wohlgefühl

Füreinander

Einklang Kreislauf

Mensch

Ganzheitlichkeit Das gute leben